Vivre sa vie autrement

Ce que vous pensez crée votre réalité

Données de catalogage avant publication (Canada)

Arcadie, Eva, 1963-

Vivre sa vie autrement: ce que vous pensez crée votre réalité
(Collection Motivation et épanouissement personnel)
Comprend des références bibliographiques

ISBN 2-89225-461-2

1. Réalisation de soi. 2. Changement d'attitude. 3. Perception de
soi. 4. Estime de soi. I. Titre. II. Collection.

BF637.S4A 72 2001   158'.1   C2001-940409-3

© Les éditions Un monde différent ltée, 2001
Pour l'édition en langue française

Dépôts légaux: 2ᵉ trimestre 2001
Bibliothèque nationale du Québec
Bibliothèque nationale du Canada
Bibliothèque nationale de France

Illustration de la couverture:
EVA ARCADIE (ANÌ)

Conception graphique et montage de la couverture:
OLIVIER LASSER

Photocomposition et mise en pages:
COMPOSITION MONIKA, QUÉBEC

ISBN 2-89225-461-2

Nous reconnaissons l'aide financière du gouvernement du Canada par l'entremise du Programme d'Aide au Développement de l'Industrie de l'Édition pour nos activités d'édition (PADIÉ).

Imprimé au Canada

Eva Arcadie

Vivre sa vie autrement

Ce que vous pensez crée votre réalité

Les éditions Un monde différent ltée
3925, Grande-Allée
Saint-Hubert (Québec), Canada J4T 2V8
Tél.: (450) 656-2660
Site Internet: http://www.umd.ca
Courriel: info@umd.ca

La peinture de la couverture a été réalisée par l'auteure et fait partie de la collection «Les Aquarelles de mon âme».

Sommaire

Remerciements

À Monsieur et Madame Loriot
pour leur gentillesse et leur
disponibilité à relire mon manuscrit.

À tous les auteurs
grâce auxquels j'ai pu pas à pas
transformer ma vie.

À tous ceux et celles
qui ont croisé ma route et m'ont aidé
à découvrir qui je suis.

À mon éditeur
qui m'a permis de diffuser ce que j'ai
appris.

Note de l'auteure:
Bien que ce livre soit destiné aux femmes et aux hommes, je me
suis permise d'utiliser le genre masculin afin de ne pas alourdir
le texte.

Cher lecteur,

S i vous avez ce livre entre les mains, c'est que le hasard et les coïncidences n'existent pas. Votre intuition vous a guidé vers lui pour vous ouvrir à de nouvelles façons de comprendre et de voir la vie.

Comme vous, j'ai longtemps cru que je n'avais aucun pouvoir sur ma vie. Je la subissais plus qu'autre chose et je me présentais inconsciemment comme une victime. Heureusement, le choc de ma rupture amoureuse, il y a quelques années, a bouleversé toutes les idées préconçues que j'avais de la vie et m'a obligée à faire une profonde remise en question.

J'ai découvert les effets destructeurs des conditionnements limitatifs que l'on m'a inculqués durant mon enfance. J'ai également pris conscience que s'ils avaient été acquis, ils pouvaient être désappris et remplacés par des approches et des conditionnements d'amour et d'acceptation, positifs, valorisants et dynamisants.

J'ai commencé à apprendre qui j'étais réellement, pourquoi je fonctionnais ainsi. J'ai décidé de comprendre ce qu'était la dépendance affective qui m'empêchait de vivre une relation amoureuse saine. J'ai tenté de comprendre pourquoi:

- je me sentais et j'agissais en «victime de la vie».

- je me sentais limitée.

- j'avais des comportements autodestructeurs.

- j'acceptais tant de choses qui ne me convenaient pas.

En entamant une démarche personnelle de remise en question de mes anciens schémas de pensée et de fonctionnement, j'ai pu prendre conscience qu'il existait d'autres façons plus saines, plus vraies, plus en accord avec la personne que je suis, de voir et surtout de vivre les relations et les événements.

Au travers de ce livre, j'ai eu envie de partager avec vous ce qui m'a permis d'avancer sur le chemin d'une découverte positive et aimante de moi-même, des autres, et de porter un regard nouveau sur la vie en général. J'ai également souhaité vous faire part de mes propres expériences, de mes prises de conscience et de ce que j'en ai compris, en espérant que cela pourra vous aider dans votre cheminement personnel.

Chacun de nous peut découvrir et prendre conscience de sa responsabilité dans ce qui nous arrive. L'objectif ici est de vous aider à vous RÉ-VEILLER pour comprendre que votre vie est le reflet de vos croyances. Ne laissez plus les peurs, le manque de confiance en vous et le regard des autres limiter votre vie.

**VOUS AUSSI,
VOUS POUVEZ DÈS À PRÉSENT,
APPRENDRE À VIVRE
AUTREMENT!
IL N'EN TIENT QU'À VOUS!**

Nous avons tous été conditionnés à regarder la vie en fonction du regard des autres. Nous n'avons fait que reproduire ce que nous avions devant les yeux durant notre enfance. Devenir conscient de ces fonctionnements, de ces dysfonctionnements, de ces automatismes négatifs, limitatifs et réducteurs vous permettra de découvrir d'autres façons de vous voir, de voir les autres et de voir la vie.

**DÉCIDEZ DE BRISER CE QUI VOUS
ENCHAÎNE ET VOUS
DÉCOUVRIREZ QUE LE BONHEUR
EST À VOTRE PORTÉE!**

Votre vie actuelle: Résultat des conditionnements négatifs et limitatifs de votre enfance

Ce que vous pensez crée votre
réalité.

Vous êtes responsable de ce que
vous pensez, et donc, par
conséquent, de ce qui vous arrive.

Si votre vie ne correspond pas à ce
que vous avez souhaité, c'est que
vos croyances les plus profondes
font que vous ne croyez pas avoir
droit au meilleur.

◆ Origine des conditionnements de votre enfance

Depuis l'enfance, vous avez été conditionné par votre entourage et votre environnement. Vos croyances négatives concernant la vie, les autres et vous-même sont, la plupart du temps, celles des autres que vous avez adoptées comme étant vôtres. Désormais, celles-ci régissent votre vie sans que vous en ayez vraiment conscience. Elles conditionnent encore maintenant vos pensées et vos comportements.

Vous avez en quelque sorte subi un lavage de cerveau. Je vous propose d'en prendre conscience et de décoder ce que l'on vous a inculqué pour n'adopter que des pensées qui vous font du bien. Vous pouvez revoir ces conceptions et les transformer en une approche différente qui vous permettra de choisir ce que vous avez envie de croire afin de faire de votre vie ce que vous voulez en faire, en accord avec la personne que vous êtes.

Votre vie changera si vous êtes prêt à transformer votre façon de vous percevoir, de voir les autres et de voir votre vie. Vous avez le choix. Vous êtes libre de choisir ce que vous allez penser.

**Choisissez ce qu'il y a de mieux
pour vous!
Pourquoi vous cantonner
à ce qui vous limite,
à ce qui vous dévalorise,
à ce qui vous empêche d'avancer
librement dans votre voie?**

L'adulte que nous sommes n'est que le résultat de conditionnements inculqués durant notre enfance par nos parents, par le regard et par les définitions des autres:

• on vous a probablement défini comme étant le minable, le distrait, l'incapable, le nul, le paresseux, l'inculte, le timide, le maladroit, le fauteur de troubles, le gai luron, l'instable, le fort, le maigre, le gros, le petit, le grand...

- on vous a mis dans votre enfance des étiquettes que vous continuez toujours à porter...

- on vous a dit ou on vous a fait comprendre que vous étiez un incompétent, que vous n'arriveriez jamais à rien, que vous ne saviez rien faire de vos dix doigts, que vous étiez une charge, que vous étiez un poids pour la famille et pour la société...

- on a peut-être insisté sur des aspects physiques qu'on a mis en exergue en vous ridiculisant...

- on s'est moqué de vous, on vous a amoindri...

- on vous a fait sentir inférieur pour mieux pouvoir vous dominer...

- on vous a inculqué la honte d'être la personne que vous êtes...

- on vous a réduit, limité, on vous a dévalorisé, on vous a dénigré...

- on vous a culpabilisé...

- on vous a peut-être fait sentir coupable d'exister et d'être à l'origine des problèmes des adultes...

Tous ces conditionnements ont fait de vous quelqu'un de complexé sans aucune confiance en lui. Or, au départ, vous étiez un enfant unique et formidable, plein de talents et de possibilités. On vous a cassé, on vous a marqué au fer rouge. Avec le temps, l'enfant qui a grandi dans une famille disfonctionnelle est devenu un adulte perturbé, reproduisant malgré lui dans son monologue intérieur, les définitions négatives qu'on a faites de lui dans son enfance. Sa vie ne fera que refléter toutes ces limitations. La seule possibilité pour s'en sortir sera de demander de l'aide et de découvrir par lui-même l'aberration de ces définitions.

- Il pourra découvrir que toutes ces définitions n'étaient pas vraies.

- Il pourra se rendre compte du lavage de cerveau qu'il a subi.

- Il découvrira qu'il n'est pas ces définitions et qu'il est un être unique et formidable.

- Il pourra choisir de ne plus les utiliser.

- Il pourra, après en avoir pris conscience, les remplacer par des définitions fortes, positives, constructives, dynamisantes.

- En remettant ces définitions en question, il pourra découvrir qui il est réellement, quelles sont ses forces, ses talents, ses possibilités et ses richesses.

Si on a pu vous conditionner négativement, VOUS avez également la possibilité de vous déconditionner et de vous RECONDITIONNER POSITIVEMENT.

Le développement personnel vous donne la possibilité de refaire connaissance avec vous-même et de reprendre contact avec toutes vos particularités. Cette découverte de vous-même permet de mettre le doigt sur toutes les croyances négatives autodestructrices, les aberrations, les illusions qui sont la base de vos croyances.

Le fait de découvrir que nous avons bâti notre vie sur des illusions va pouvoir nous aider à changer notre orientation. L'objectif est de prendre conscience de ces conditionnements et de pouvoir les remplacer par des conditionnements sains basés sur l'amour, le respect de soi et des autres, l'établissement de limites, l'expression de tout ce que nous sommes, l'épanouissement de nos talents et de nos capacités. Plus proche de nous-même, nous pourrons alors découvrir des choix et des possibilités respectant notre propre personne.

Ce n'est pas par hasard que l'on dit que «votre vie est le reflet de vos croyances». Cependant, ce n'est pas parce que vous avez été «sous influence» que votre vie ne peut être changée. En transformant ces croyances négatives profondes sur les autres, sur la vie et sur vous-même, vous aurez la possibilité de choisir les croyances qui peuvent renforcer votre confiance en vous.

Ce n'est pas parce que vous n'avez pas été aimé, valorisé ou reconnu comme vous en auriez eu besoin, ou que vous vous êtes senti mal aimé par vos parents, que vous n'êtes pas digne d'être aimé.

**VOUS N'ÊTES PAS
ce que les autres disent de vous!**

**La seule personne
qui peut reconstruire
votre confiance en vous, c'est VOUS.
Ne cherchez pas
à ce que les autres changent,
vous y perdrez votre énergie.
La seule personne
qui peut changer les choses,
c'est VOUS.**

◆ **Comment découvrir les conditionnements négatifs et comment les transformer?**

Dès qu'il vous vient des idées négatives vous concernant ou concernant les autres, posez-vous les questions suivantes:

– Cette croyance est-elle tout à fait «vraie» pour moi?

– Qui me disait cela dans mon enfance?

– Puis-je changer cette croyance en quelque chose de positif?

– Est-ce possible de le faire tout de suite et autant de fois que je le souhaite?

- ***Exemple:***

«Je suis incapable, je suis nul, je n'y arriverai jamais, je n'ai pas les compétences pour...»

- **Cette croyance est-elle tout à fait «vraie» pour moi?**

Non, ce n'est pas parce que j'y ai cru pendant toutes ces années que c'est vrai. Je n'ai fait que reprendre à mon compte ce que les autres disaient de moi. Et si j'essayais pour voir ce dont je suis capable lorsque je crois en moi et en mes possibilités. Je ne suis plus obligé de m'enfermer dans des croyances qui m'empêchent de faire des essais, des tentatives pour changer ma vie. C'est à moi de faire des efforts pour mon propre bien.

- **Qui me disait cela dans mon enfance?**

Mes parents, mes frères et mes sœurs, mes professeurs, mon entourage... Pourquoi? Parce que c'était leur seule façon d'avoir du pouvoir sur moi et de me faire faire les choses qu'ils attendaient de moi. Il est beaucoup plus difficile d'imposer sa loi à quelqu'un qui a confiance en lui et qui détermine ses limites dès le départ.

- **PUIS-JE changer cette croyance en quelque chose de positif?**

Oui, cela dépend entièrement de moi de transformer:

• «Je suis incapable» en	**«Je suis capable!»**
• «Je suis nul» en	**«Je suis formidable!»**
• «Je n'y arriverai jamais» en	**«Je peux y arriver!»**
• «Je n'ai pas les compétences» en	**«Je vais faire de mon mieux avec ce que j'ai»**

Remarquez l'extraordinaire poids des mots comme: «Je suis», «Je peux».

À vous de pratiquer cette sorte d'autovigilance à chaque fois que vous êtes conscient de vos pensées et modifiez-les positivement. Ce n'est qu'avec du temps, des exercices et un grand nombre de répétitions que ces nouvelles façons de penser vont pouvoir devenir de nouveaux automatismes qui remplaceront les anciens.

Le changement ne peut venir que de vous-même!

VOUS ÊTES LA SEULE PERSONNE QUI PEUT CHANGER LES CHOSES!

◆ Pourquoi changer?

Car:

• une perte importante pour vous a déclenché un processus de remise en question de la façon dont vous fonctionniez jusqu'à présent.

• vous êtes mal à l'aise et vous ne pouvez plus continuer comme avant.

- vous êtes trop souvent allé au-delà de vos limites.

- votre seuil de tolérance et de souffrance a été trop souvent dépassé.

- vous êtes en trop grand décalage entre ce qui vous ferait du bien, ce que vous souhaiteriez et ce que vous vous forcez à faire pour vous adapter au regard et aux attentes des autres.

◆ **Que signifie «changer»? Changer c'est:**

- vous remettre en question.

- vous redéfinir et découvrir avec beaucoup de surprises qui vous êtes vraiment.

- faire resurgir vos émotions refoulées, vos peurs, vos angoisses, vos protections d'enfant, vos côtés sombres auxquels vous avez jusqu'à présent refusé de faire face.

- vous regarder dans les yeux et découvrir cette personne inconnue que vous êtes.

- apprendre à vous apprivoiser, à vous aimer, à vous respecter et à vous faire respecter.

- découvrir qui vous êtes, comment vous fonctionnez, pourquoi vous fonctionnez ainsi pour changer votre vie afin qu'elle soit plus en accord avec la personne que vous êtes vraiment.

- être prêt à vous découvrir («dé-couvrir»: enlever les différentes couches qui ont recouvert la personne que vous êtes vraiment), à vous connaître et à vous aimer tel que vous êtes.

- enlever les masques, arrêter de jouer des rôles, cesser de paraître, arrêter de vouloir être ce que vous n'êtes pas.

- vous recentrer sur vous, vos besoins réels, vos désirs, vos rêves.

- reprendre contact avec vous pour être capable par la suite d'accepter et d'aimer les autres tels qu'ils sont.

- définir ou redéfinir vos limites.

- vous recentrer sur vous afin d'apprendre à savoir qui vous êtes vraiment.

- croire de nouveau en vous.

- retrouver confiance en vous.

- reprendre espoir en des solutions meilleures et croire de nouveau en une nouvelle perception de la vie.

- passer des étapes, traverser des obstacles de façon consciente.

- ouvrir votre sensibilité à votre intelligence du cœur, au côté «bon» en vous.

- remettre en question tous les repères qui jusqu'à présent ont façonné votre vie (vos croyances, vos systèmes de pensée, votre façon d'être et d'agir, vos comportements, vos relations avec les autres...).

- avoir le courage de réactualiser et de réadapter vos données à la personne que vous êtes et en fonction de la personne que vous êtes.

- sortir des sentiers battus pour découvrir par vous-même votre voie. Poursuivre votre «légende personnelle» et entamer «le chemin le moins fréquenté».

- vouloir remplacer le faux par du vrai et de l'authentique.

- vouloir vivre votre vie de façon plus consciente.

- vous responsabiliser.

- vous prendre en main.

- agir pour changer.

- reconstruire lentement mais sûrement de nouvelles bases solides pour votre personnalité.

- remettre les choses dans le bon sens et reconstituer votre puzzle personnel.

- entreprendre une évolution progressive qui durera toute votre vie.

- vivre votre vie «ici et maintenant», ouvert au bonheur de l'instant présent.

- chercher avant tout à «ÊTRE».

◆ Comment changer?

Le changement ne peut se faire que si vous voulez bien l'entreprendre en votre âme et conscience. Si vous êtes prêt à y consacrer du temps et à vous y investir. C'est un chemin de découverte lent et progressif.

Il ne s'agit pas de vous transformer en une autre personne mais de:

- vous aider à vivre votre vie de façon plus consciente.

- transformer tout ce qui vous bloque en possibilités d'ouverture et d'évolution.

- changer votre façon limitative et négative de percevoir les autres, la vie et vous-même en général.

Pour apprendre à vous retrouver, il est important de:

- découvrir la cause de vos souffrances, d'en parler pour vous libérer.

- sortir tout ce qui vous a fait du mal.

- reconnaître que ce n'est pas l'autre qui vous fait souffrir, mais **votre réaction** par rapport à ce qu'il fait ou dit.

- vous accepter avec vos limites et tout ce que vous n'acceptez pas de vous ou en vous.

- ne plus chercher à être celui que vous n'êtes pas, mais de vous accepter tel que vous êtes.

- constater ce qui est et de l'accepter en reconstruisant vos bases.

Si vos croyances vous ont jusqu'à présent obnubilé, pourquoi ne pas essayer de faire le contraire de ce que vous avez toujours fait? Cela ne vous coûte rien! Et si ça pouvait changer votre vie?

◆ Changer quoi?
Les perceptions erronées de votre vie

Il ne s'agit pas de vous changer «vous», mais de changer vos perceptions erronées de la vie. On fait souvent la confusion entre se changer pour devenir quelqu'un d'autre et changer sa perception de soi et des autres pour améliorer sa vie.

Combien d'entre vous ont essayé de se changer à tout prix en devenant encore plus dur et encore plus sévère avec eux-mêmes? Non, il ne s'agit pas de cela, il s'agit plutôt de transformer les perceptions illusoires et négatives en des approches saines, libres et vraies, conformes à ce que vous êtes au fond de vous.

N'avez-vous pas envie de croire à des valeurs qui vous font du bien, plutôt qu'à celles qui vous entravent, vous bloquent et vous font du mal?

◆ Vos habitudes de penser et de vous comporter

Tous ces conditionnements négatifs vous ont été inculqués jour après jour pendant de nombreuses années. Il en faut du temps pour remplacer vos anciens conditionnements par de nouveaux: positifs, constructifs, valorisants et optimistes. En général, c'est toujours le premier pas qui coûte. Vous n'avez rien à perdre puisque vos anciens conditionnements ne vous ont pas rendu heureux.

Par contre, vous avez tout à gagner à vous investir dans le changement. Vous n'êtes plus obligé d'être «esclave» de vos anciennes habitudes. Vous pouvez décider de renoncer à elles et de tenter une autre approche, basée sur une meilleure connaissance de vous-même. En prenant conscience des comportements négatifs et limitatifs appris, vous pouvez désapprendre tout ce qui vous a été inculqué. Vous pouvez aussi les remplacer par une façon de penser qui vous permet de développer les formidables potentiels, talents et possibilités que chacun d'entre vous possède. N'oubliez pas que ceux-ci ont été ensevelis sous les tonnes de béton de conditionnements réducteurs de votre enfance.

◆ Bases erronées

Vous finissez par découvrir que ce que vous croyiez vrai et immuable, ne l'est pas. Vous vous rendez compte que vous avez bâti toute votre vie sur des illusions. La réalité vous agresse. Elle vous est insupportable. Vous prenez conscience combien vous vous êtes trompé et combien vos bases étaient fausses. Le choc est de taille!

Il y a aussi cette inadéquation entre l'image de la personne que vous voudriez être et celle que vous êtes vraiment. C'est cet énorme écart entre ce que vous montrez et votre perception de vous-même qui crée votre souffrance.

◆ Sortir de la souffrance en acceptant la réalité

Qu'est-ce que la souffrance sinon de toujours vouloir que la vie soit différente de ce qu'elle est?

Le temps vous fait prendre conscience du recul par rapport à ce que vous vivez, à ces émotions qui remontent à la surface et que vous vous refusez à regarder et à affronter. Le temps est un baume. Tant que vous refusez de voir la réalité en face et que vous continuez à vouloir vivre dans vos illusions, vous nagez à contresens. Vous dépensez une énergie considérable à vous battre contre un courant qui est bien plus fort que vous. Vous vous épuisez.

En général, la souffrance remonte à la surface lorsque vous vous heurtez à la réalité, lorsque vous êtes confronté aux mensonges que vous vous êtes faits, lorsque vous assistez à la mise en pièces de vos illusions, lorsque tout ce que vous croyiez constant et solide s'écroule tel un château de cartes. La solution: accepter la réalité.

On appelle cela aussi: «le LÂCHER PRISE».

En reconnaissant que vous vous êtes trompé, en acceptant d'arrêter de vous mentir, en étant disposé à voir votre réalité en face, vous êtes prêt à vous donner les moyens d'aller de l'avant sur des bases saines.

Chaque fois que vous luttez contre quelque chose objectivement et sans illusions, il perd de son pouvoir et vous reprenez votre liberté.

◆ Acceptez de perdre vos illusions

Pourquoi êtes-vous malheureux? Peut-être parce que vous vivez et que vous entretenez vos illusions. En croyant à vos idées fausses et en les entretenant, vous refusez de voir votre réalité. Au fond, la seule personne que vous trompez, c'est vous-même!

Prenons un exemple:

Lorsque vous êtes amoureux, vous n'êtes pas épris de la personne mais de l'image que vous vous en faites. Vous idéalisez l'autre. L'autre vous renvoie une image de vous qui vous plaît. En fait, vous êtes amoureux de l'idée préconçue et optimiste que vous vous faites de la personne et de la relation que vous aimeriez avoir. Vous refusez d'écouter votre bon sens et les nombreux signes sur votre route qui vous préviennent que cette relation n'est pas pour vous, que vous allez souffrir. (Cf. fin du livre *L'indispensable aide-mémoire de la femme avertie*, Eva Arcadie).

Si vous vous entendez penser ou dire: «Ça n'a pas d'importance, il changera, je le changerai, ça s'améliorera avec le temps...», vous pouvez être sûr que c'est justement ce qui vous déplaît qui détériorera la relation. Mais vous avez tellement envie de croire en vos illusions que vous vous précipiterez dans cette relation en dépit du bon sens.

Beaucoup de gens ne désirent pas vraiment grandir ou changer. Ils ne veulent pas vraiment être heureux. Ils n'ont pas été conditionnés à cela et puis, il faudrait changer «tant» de choses.

Peut-être vous faudra-t-il faire beaucoup d'erreurs dans ce domaine pour enfin accepter de voir la réalité en face et consentir à garder «les pieds sur terre» pour prendre de bonnes décisions en votre faveur.

◆ La vie est changement

Dans la vie, rien n'est garanti ni acquis. Tout change, tout se transforme. Au début du processus d'évolution, vous serez tenté de retrouver ce que vous connaissez: la stabilité, les garanties, la sécurité que l'on vous a inculquées. Mais la vie est mouvement et adaptation perpétuelle. Tout change, tout bouge, tout se transforme. Les notions de garantie et de stabilité n'en font pas partie.

La vie est une constante adaptation. Vous serez confronté à la disparition de vos anciens repères. Vous vous sentirez particulièrement déstabilisé et fragilisé. La peur et son cortège d'angoisses vont vous envahir et vous faire paniquer.

N'ayez pas peur. Cet état de déstabilisation fait partie du processus d'évolution. Toutes les sensations accumulées en vous depuis si longtemps auront tendance à remonter à la surface et à exploser. La seule façon de les vaincre sera de les vivre et de les laisser éclater. Cela est nécessaire pour vous nettoyer et vous en libérer. La place sera alors nette pour vous reconstruire sur des bases plus saines.

La vie est un mouvement perpétuel. Rien n'est figé. Une graine croît, donne à son tour des graines, puis meurt et le cycle recommence. Nous vivons dans une société de la «soupe minute» où tout est instantané. L'évolution n'est cependant pas quelque chose d'instantané et ne survient pas non plus comme un coup de baguette magique. Nous nous sommes habitués à avoir certaines garanties, mais maintenant que les temps sont plus durs, il nous faut nous réadapter à une nouvelle réalité et prendre des mesures différentes. Et pourtant, nous continuons à nous accrocher à ces anciennes garanties qui nous sécurisaient.

Le changement, c'est apprendre à prendre des risques, à se lancer, à se faire confiance, à se fier à notre intuition ou à notre instinct.

◆ Caractéristiques du changement

• *Le temps essentiel dans le processus d'évolution*

Nous vivons dans une société où la satisfaction du besoin doit être immédiate. Malheureusement, nous sommes souvent très déçus parce que les changements n'arrivent pas au moment où nous le voulons.

C'est une excellente école pour apprendre la patience. Le changement se fera lorsque vous serez prêt. Forcer ne sert à rien sinon à vous épuiser. Ce n'est pas parce que vous voulez changer que votre inconscient est prêt à le faire. De plus, tant que vous n'avez pas retenu la leçon de ce qui vous est arrivé, vous recommencerez sans cesse les mêmes expériences mais avec d'autres personnes.

• *Les passages*

Votre évolution personnelle se fait par étapes tout au long de votre vie. Il y a les passages obligés. Les passages que vous aurez esquivés ou sautés se représenteront. Il est étonnant de constater que la vie nous ressert toujours et encore les mêmes «plats» (événements, types de personnes, relations...) tout au long de notre vie. Regardez vos relations affectives. N'ont-elles rien en commun? N'avez-vous pas l'impression d'être toujours confronté aux mêmes types de relations problématiques?

Donnez-vous le temps de vivre les états émotionnels difficiles tels que la peur, la colère, la rage, la honte, les sentiments d'infériorité, la culpabilité, la solitude... On ne change pas en cinq minutes. Il faut du temps, beaucoup de temps pour décoder nos conditionnements négatifs et pour pouvoir travailler à les modifier. Il nous en faut des exercices pour nous déshabituer à toutes ces mauvaises habitudes de penser. C'est un mouvement progressif.

À certains moments, vous aurez l'impression de reculer, à d'autres, vous aurez le sentiment de faire du «surplace». Vous vous énerverez contre cette lenteur, mais elle est nécessaire pour ancrer progressivement en vous de nouveaux comportements. Vous en aurez aussi qui vous donneront des ailes pour avancer. La vie est faite d'apprentissages, d'expériences, de leçons. Prenez votre temps. Acceptez d'être qui vous êtes avec vos possibilités et vos limites, mais ne cherchez plus à répondre à tout prix aux attentes des autres.

- ### *La patience:*
  ### *clé de l'évolution personnelle*

Pour les impatients qui voudraient déjà être arrivés au but, le chemin sera celui de l'apprentissage de la patience. Ne le subissez pas. Soyez au contraire, l'acteur de votre vie. Mettez un pied devant l'autre. Commencez comme un enfant qui apprend à marcher. Il tombe, il se relève, il recommence. Faire des tentatives, des erreurs, se tromper, recommencer, s'améliorer à chaque pas, c'est aussi ça l'évolution personnelle.

Une évolution vécue à fond, en acceptant et en faisant confiance au processus de la vie et aux événements présentés par celle-ci, vous permettra de bâtir des bases solides.

- ### *La persévérance*

On dit souvent que l'on a peur de l'inconnu et pourtant ce n'est pas de l'inconnu dont nous avons peur, mais de perdre ce qui nous est connu. Pour nous, la souffrance est quelque chose que l'on connaît et tout ce que l'on connaît n'est pas dangereux. Cela explique que la plupart d'entre nous préfèrent continuer à souffrir plutôt que de s'engager à changer. Beaucoup d'entre nous également ment décident de commencer à changer, mais se découragent très vite lorsque cela ne va pas aussi vite qu'ils le souhaitent. Il faut bien le reconnaître, le changement prend du temps et nécessite de remettre en question tout ce qui a fait notre vie jusqu'à présent.

Vous n'avez pas vraiment envie de vous lancer dans tout un ensemble de choses nouvelles qu'il vous faudra mettre en place, travailler et organiser. Sans parler du fait que peu d'entre vous ont envie de faire remonter à la surface des émotions qu'ils ont mis toute leur vie à recouvrir et à enfouir au plus profond d'eux-mêmes.

• *L'espoir*

Gardez toujours en mémoire que, quels que soient les événements, les coups durs, les séries noires, nous avons tous en nous la force et le courage de tenir. Ce sont eux qui nous aident à découvrir les facettes de notre personnalité, à faire ressurgir les émotions que nous avions ensevelies. Ils nous aident à faire connaissance avec nos ressources et nos possibilités. Même si votre horizon semble obstrué, gardez toujours en mémoire qu'après la pluie vient le beau temps, après la nuit vient le jour, après la mort vient la vie. Veillez aussi à vous rappeler que vous n'êtes pas seul, que votre ange gardien est toujours là, à vos côtés. Confiez-lui vos problèmes, remettez-lui vos souffrances. Il est là et il vous aidera.

*Voir et vivre
votre vie
autrement*

*D*ans cette partie, j'ai eu envie de vous faire partager les nouvelles approches de la vie qui m'ont particulièrement aidée dans mon propre processus de guérison.

Je vous propose de découvrir comment vous pouvez:

- changer votre perception de vous-même;
- développer des attitudes saines et positives envers les autres pour que votre vie soit meilleure.

**VIVRE MIEUX,
AVOIR UNE VIE EN ACCORD
AVEC VOS BESOINS ET VOS
DÉSIRS,
C'EST POSSIBLE!!!!
POUR VOUS AUSSI!**

Comment
vous percevoir
autrement?

◆ Vous êtes une personne unique et formidable!

C'est vrai! Il n'y a nulle part ailleurs une personne identique à vous. Pour quelles raisons êtes-vous formidable? Parce que vous avez en vous l'amour, la sagesse, la paix, l'abondance, les talents, la créativité, les possibilités. Parce que vous avez déjà toutes ces ressources en vous et qu'elles ne demandent qu'à être dévoilées! Pour cela, il est important de pouvoir vous déconditionner de tout ce que l'on vous a inculqué de réducteur et de destructeur, et de vous défaire des fausses définitions que l'on vous a accolées. Vous n'êtes pas les critiques et les jugements des autres, vous êtes bien autre chose. Vous êtes une personne d'amour, digne d'aimer et d'être aimée pour ce qu'elle est.

◆ La seule personne qui vous oblige à faire des choses que vous n'aimez pas, c'est VOUS!

Probablement par manque de confiance en vous et en raison du peu d'estime de vous-même que vous vous accordez. Vous êtes en mesure d'y remédier. Changez votre perception de vous-même! Changez vos croyances négatives et destructrices. Décidez de jeter à la poubelle ces croyances qui ne vous servent plus.

Réagissez, vous pouvez apprendre à vous reconstruire, à créer vous-même vos propres formules et conditionnements dynamisants, positifs et enthousiastes.

◆ Vous êtes responsable de ce que vous pensez et de ce qui vous arrive

Un grand nombre de choses qui vous arrivent est la conséquence de vos pensées.

Ce que vous pensez crée votre réalité.

**Si vous pensez:
«Impossible, limité,
je ne peux pas, je suis incapable,
je n'y arriverai pas,
je ne suis pas bon...», vous aurez une
vie morne, terne, insatisfaisante.
Vous serez malheureux, gémissant,
négatif, victime, malade.
Vous donnez votre pouvoir
de décision aux autres.
Vous vous refusez ce pouvoir.**

**Si vous pensez:
«Possible, illimité, je peux,**

je suis capable, j'y arrive, je suis bon...»,
vous aurez une vie heureuse,
dynamique, pleine de satisfactions,
de réussites.

Vous vous donnez les moyens d'être
heureux, plein de foi, optimiste,
en bonne santé, toujours prêt à
de nouvelles découvertes!
Vous avez en vous tous les talents
et les pouvoirs pour faire de votre
vie quelque chose d'unique
et de formidable!

Dans un cas, vous subissez,
vous vous positionnez en victime.
Dans l'autre, vous agissez,
vous prenez les commandes
de votre vie.

Vous êtes responsable de ce
que vous pensez.
Vous êtes responsable
des conséquences qu'entraîne
votre façon de penser.
Vous êtes pleinement responsable
de ce qu'EST votre vie.
Elle est le reflet de vos pensées.

Votre façon de penser:
c'est la cage qui vous emprisonne
ou

la liberté de faire de votre vie une aventure passionnante!

◆ Apprenez à vous connaître

Apprenez à connaître cet individu (vous-même) avec lequel vous entretenez des relations ennemies et conflictuelles. Apprenez à découvrir qui se cache derrière tous ces conditionnements, ces attitudes qui ne correspondent pas vraiment à ce que vous êtes foncièrement. Combien de fois vous arrive-t-il de faire des choses qui, vous le savez, sont néfastes pour vous? Pourquoi vous faites-vous autant de mal, pourquoi vous traitez-vous aussi durement? Pourquoi êtes-vous si sévère avec vous-même?

Et si le fait d'apprendre à vous connaître vous permettait de découvrir l'extraordinaire personne que vous êtes au fond de vous quand vous ne portez plus tous ces masques, quand vous ne jouez plus tous ces rôles qui ne vous ressemblent guère. Vous êtes une personne digne d'intérêt et digne d'amour.

Vous êtes quelqu'un de pétillant, de drôle, de vivant, de dynamique, de créatif! Vous êtes quelqu'un d'exceptionnel! Considérez-vous comme votre meilleur ami. Diriez-vous et feriez-vous subir à votre meilleur ami toutes les horreurs que vous vous infligez? Non, bien sûr! Alors, si vous commenciez à vous aimer un peu...

◆ Apprenez à vous aimer

Quelles sont les choses que vous pouvez commencer à faire:

- Apprenez à ne plus vous haïr, vous détruire, vous maltraiter, vous empoisonner le corps et l'esprit par des substances (médicaments, alcool, drogues, cigarettes... ou des comportements toxiques: toutes les sortes de dépendances...).

- Apprenez à ne plus vous critiquer.

- Acceptez-vous tel que vous êtes avec vos limites, vos incapacités, vos défauts ou ce que vous croyez être vos défauts.

- Apprenez à vous aimer maintenant et du mieux que vous le pouvez.

- Apprenez à ne plus vous faire mal avec toutes ces pensées malsaines.

- Observez-vous et devenez conscient de la façon dont vous pensez et fonctionnez. Cela vous aidera grandement.

Soyez doux, gentil et patient avec vous-même, surtout quand vous êtes en train d'apprendre de nouvelles façons de penser. Vous êtes en train de découvrir de nouvelles manières positives de répondre à vos besoins. Essayez de vous pardonner avec amour vos anciens schémas de comportements et de traitements négatifs.

Traitez-vous comme votre meilleur soutien. Trouvez des moyens pour vous soutenir et vous approuver. Félicitez-vous. Soyez fier de vous!

• *Acceptez-vous tel que vous êtes*

Nombreux sont ceux et celles qui m'ont demandé ce que le fait de s'accepter voulait dire concrètement. Je pense qu'il s'agit d'adopter une attitude d'amour sans condition et de compassion vis-à-vis de la personne que l'on est.

Surtout dans les cas où:

• nous ne nous supportons pas.

• nous nous haïssons de ne pas être la personne que nous voudrions être.

• notre image ne correspond pas à notre attente ou à celle des autres.

• nous ne nous comprenons pas.

• justement, nous nous sentons limités.

• nous sommes faibles, fragiles et vulnérables.

• nous faisons l'inverse de ce que nous aimerions faire juste pour plaire aux autres.

Et si vous décidiez de vous gâter un peu et de vous offrir ce magnifique cadeau d'acceptation et d'amour en vous disant:

«Je t'aime de façon inconditionnelle
tel que tu es.»
«Je t'aime et je t'accepte
tel que tu es.»
«Tu es pour moi quelqu'un
de spécial que j'apprends à aimer
sans condition.»
«Quoi que tu fasses, je te soutiendrai
et tu peux toujours compter
sur moi.»
«Rappelle-toi que je t'aime
et que plus jamais tu ne seras seul.»
«Tu n'as rien à me prouver,
je t'aime tel que tu es.»

Et si vous commenciez à apprendre à vivre en fonction de votre cœur, en fonction de vos intuitions, en fonction de vos besoins et de vos désirs. Et si vous laissiez l'amour rentrer dans votre vie, dans votre cœur, dans vos pensées et dans vos actes. Et si vous décidiez d'apprendre à vous connaître et à vous accepter tel que vous êtes. Et si vous commenciez à vous traiter avec amour, avec tendresse, avec respect, avec chaleur, avec tolérance et avec amitié.

Et si vous commenciez à penser à vous, à vos intérêts et non à ceux des autres, à votre bien-être et non à celui des autres, à vos envies. Et si vous commenciez à vous privilégier. Et si vous vous donniez le droit de voir le merveilleux, le formidable, le simple, le beau et le bon en vous? Chacun de nous est un artiste dans son genre doté de talents prodigieux et infinis. Chacun de nous, à cette étape de notre vie, ignore encore son potentiel et ses possibilités créatrices. À vous de reconnaître votre puissance intérieure et de faire de votre vie quelque chose de sensationnel!

◆ Choisissez de vous faire confiance

Faire ce choix implique de se simplifier la vie, de se libérer des angoisses, des peurs qui ne sont que des illusions. Nous avons tous en nous les solutions à nos problèmes, les réponses à nos questions. Le tout est de nous donner l'autorisation de faire confiance à notre intuition, au langage du cœur. Essayez de mettre de côté vote ego et votre orgueil. Préférez favoriser l'ouverture, la confiance, la vérité, la sincérité et l'amour. Ce sont vos forces. À vous de les découvrir!

◆ Nous tâtonnons tous pour trouver notre voie!

Aucun de nous n'a reçu à sa naissance de mode d'emploi concernant la bonne gestion de sa vie.

Il appartient à chacun de vous de faire vos propres expériences, de tirer vos propres leçons et conclusions. À chacun de vous également de découvrir le sens de vote vie. Tâtonner revient à faire des expériences, des essais. Si cela marche, continuez de cette façon, par contre si ce n'est pas le cas, c'est qu'il est peut être temps d'utiliser d'autres moyens ou d'autres méthodes.

Si, la façon dont vous avez fonctionné jusqu'à présent ne vous a pas rendu heureux, pourquoi continuer dans cette voie? Et si vous essayiez de faire le contraire de ce que vous avez toujours fait?

◆ Vous pouvez reconnaître que vous avez un problème

Bien souvent, vous préférez nier que vous avez un problème. Vous refusez d'admettre que vous souffrez. Vous le rejetez, vous le repoussez jusqu'au plus profond de vous. En refusant de l'admettre, la seule personne que vous trompez, c'est vous-même. Vous êtes votre propre ennemi. En le niant, vous vous obligez à dépenser une énergie folle pour vous battre contre vous-même. Par contre, en l'admettant, vous posez le problème et vous pouvez commencer à chercher des solutions.

◆ Et si vous vous démarquiez de votre ego?

L'ego est cette partie de vous qui essaie par tous les moyens de vous saboter. Il a horreur du changement et surtout de l'engagement au bonheur.

L'ego a gardé en mémoire toutes les choses négatives vous concernant et concernant également les autres. C'est lui qui vous culpabilisera, c'est lui qui vous dénigrera, c'est lui qui vous dévalorisera. C'est lui qui fera revenir en mémoire les souvenirs douloureux qui vous bloqueront dans vos peurs et vous empêcheront d'aller de l'avant et de faire les choses que vous sentez bonnes pour vous.

Ne vous laissez pas déstabiliser. Préférez plutôt lui parler en lui disant que vous savez que son objectif est de vous empêcher de vous réaliser, mais que désormais, vous avez conscience que toutes ces peurs ne sont que des illusions. Maintenant, vous êtes tout à fait capable de prendre des risques et d'agir en toute confiance en vos capacités.

◆ Vous pouvez cesser de jouer les rôles qu'on attend de vous!

Voyant qu'il n'a plus de pouvoir sur vous, il s'efforcera encore et encore de vous faire peur, mais ne vous embarrassez plus de ses propos. Les peurs sont là pour vous permettre de vous dépasser, de vous prouver qu'à chaque fois vous pouvez reculer vos limites. N'hésitez pas à le faire, vous verrez de beaux changements arriver dans votre vie. Vous pouvez cesser de jouer les rôles qu'on attend de vous.

Si vous avez envie de vous rendre service, arrêtez de continuer à vouloir correspondre à ce que les autres attendent de vous. Vous n'êtes plus l'enfant dont la survie dépendait entièrement des parents. Vous êtes un adulte qui peut réadapter ses comportements et corriger le tir. Ce n'est pas parce que vous avez agi d'une certaine façon pour vous protéger quand vous étiez petit, qu'il vous faut continuer à adopter ces habitudes obsolètes.

Faites-vous du bien et décidez d'être vous-même. Vous n'êtes plus obligé de vous conformer à ce que votre entourage attend de vous. Vous avez le droit de vivre votre vie. Ne la gâchez pas!

Vous pouvez dire «non» et refuser d'entrer dans ce jeu, quitte à blesser les autres ou à les décevoir. Il vaut mieux vous affirmer plutôt que de nier vos besoins et la personne que vous êtes.

Il vaut mieux que vous vous sentiez en accord avec vous-même que de souffrir d'avoir voulu répondre aux attentes des autres.

Donnez-vous le droit d'exister. Les changements ne peuvent venir que de VOUS.

◆ Le formidable pouvoir du «J'en ai assez!»

Le «J'en ai assez!» possède un formidable pouvoir de renouveau et de renaissance. Vous venez de comprendre qu'il existe certainement une autre et bien meilleure façon de vivre que celle que vous vivez ou plutôt subissez.

C'est le moment du «RÉVEIL», de la prise de conscience que vous êtes seul à pouvoir remédier à l'état de dégradation et d'incompatibilité de votre vie avec celle que vous espériez.

C'est à l'instant où je me suis dit: «J'en ai assez de cette relation» que j'ai mis en branle ce formidable processus de remise en question, de voyage intérieur, de prise de conscience et de contact avec ces parties et ces aspects inconnus de moi. S'il n'y avait pas eu ce ras-le-bol et cette envie de quitter la façon que j'avais de vivre, j'en serais encore probablement à subir la spirale infernale de la dépendance affective.

♦ **Au lieu d'attendre le bien-être des autres, découvrez comment vous le donner vous-même!**

L'erreur de bien des gens est de croire que l'autre:

- pourra les rendre heureux.

- pourra combler leur vide affectif intérieur ou leur mal-être.

- saura ce dont ils ont besoin.

- les aimera comme ils aimeraient être aimés et auraient besoin de l'être.

C'est une fausse croyance. L'autre ne peut vous donner tout cela si vous ne vous l'offrez pas à vous-même d'abord. Pour découvrir ce qui vous rend heureux, posez-vous la question suivante:

«De quoi ai-je besoin pour me sentir bien?»

Qui peut vous le donner? Vous-même. Il s'agit là de tout un travail de transformation des perceptions qui jusqu'à présent ont fait votre vie. Pourquoi êtes-vous insatisfait? Pourquoi faites-vous le contraire de ce que vous avez toujours eu envie de faire?

Décodez votre passé. Vous y trouverez des réponses sur vos comportements d'aujourd'hui. Cette prise de conscience est le début d'un travail pour éliminer ce qui ne va plus et ce que vous voulez mettre en place pour vous sentir bien dans votre peau et dans votre tête.

◆ Et si vous ne vous mettiez plus à la place de l'autre?

Dans la dépendance affective, on se met souvent à la place de l'autre. On souffre à la place de l'autre tout en s'oubliant soi-même. C'est l'attitude classique de quelqu'un d'hypersensible qui n'a pas confiance en lui.

Essayez d'arrêter de vous mettre à la place de l'autre et de ressentir ce que vous auriez éprouvé si vous aviez été à sa place. Vous ne pouvez occuper les deux places en même temps.

Vivez vos propres émotions. Recentrez-vous sur vous! Donnez-vous la priorité! Travaillez sur vous pour délimiter vos frontières personnelles, pour ne plus souffrir à la place de l'autre.

◆ Changez d'optique: au lieu de vouloir changer l'autre, essayez de VOUS changer!

Vous avez déjà sûrement tenté de le faire et vous vous êtes cassé les dents. N'essayez même plus, c'est «mission impossible!» Pourquoi mettre autant de votre énergie dans le vide pour en sortir épuisé et exsangue. Cette croyance très fortement ancrée en vous est encore une illusion que vous avez prise pour vérité. Travaillez à votre propre changement. Si vous changez, les autres seront bien obligés de s'adapter.

◆ Et si vous osiez reconnaître vos erreurs et les réparer?

Nous faisons tous des erreurs. Tout au long de notre vie, nous blessons beaucoup de personnes qui nous aiment très fort. N'hésitez pas à reconnaître ces erreurs. Faites taire cet orgueil qui vous entraîne à dramatiser les faits, qui déforme votre vision des choses et qui exacerbe vos émotions.

Reconnaître ses erreurs est une démarche difficile, mais qui a l'avantage de nous faire découvrir l'humilité et la liberté. Que de relations pourraient être sauvées d'une fin stupide et illogique si nous avions le courage de dépasser le pouvoir de notre ego, de notre orgueil.

Un ami ose vous dire ce qu'il pense de ce que vous avez fait et vous voilà en train de prendre la mouche et de refuser de continuer cette relation amicale qui dure pourtant depuis des années, tout simplement parce que vous avez mal digéré ce qu'il vous a dit. En étant franc et honnête avec vous, il vous a fait confiance et souligne quelque chose qui le met mal à l'aise. Pourquoi ne pas le remercier de vous avoir permis de prendre conscience d'un aspect de vous que vous ne vouliez pas reconnaître...?

J'en profite pour vous signaler que, bien souvent, l'autre ne fait que vous renvoyer ce que vous pensez de vous-même!

◆ L'effet libérateur du pardon

Acceptez vous tel que vous êtes. Arrêtez de vouloir être la personne que vous n'êtes pas. Vous êtes unique et formidable. Vous le découvrirez au fur et à mesure que vous reprendrez confiance en vous. Jusqu'à présent, vous avez pratiquement toujours cherché à être quelqu'un de parfait, à correspondre à ce que les autres attendaient de vous et voulaient que vous soyez. Pardonnez-vous de ne pas vous accepter tel que vous êtes. Pardonnez-vous de toujours essayer d'être quelqu'un d'autre et de ne pas y arriver. Pardonnez-vous de vous faire autant de mal!

Vous accepter tel que vous êtes, c'est vous donner le droit d'être qui vous êtes. C'est l'admettre dans l'amour et le respect de vous-même. C'est revenir à la personne sans masques que vous étiez prête à devenir si on vous en avait laissé la possibilité. C'est vous autoriser enfin à ÊTRE, à vous accepter dans la réalité, sans les illusions. En acceptant de regarder droit dans les yeux ces faces cachées ou sombres de vous-même (celles que vous reprochez à l'autre), vous faites le pas pour les admettre en tant que partie intégrante de vous-même.

Se pardonner et pardonner aux autres, c'est:

- préférer vous libérer des chaînes du passé.
- faire le choix de votre propre liberté.

Il faut savoir que ce sont l'ego et l'orgueil qui alimentent notre colère, notre ressentiment, notre rancune ou notre rancœur. Ce sont eux qui nous enferment dans cette prison de souffrance.

Quand nous pardonnons, nous sommes prêts à renoncer à la rancune vis-à-vis de l'autre. Pardonner est une décision qui se vit de l'intérieur.

Contrairement à ce que l'on croit, ce n'est pas l'autre que nous libérons par le pardon, mais nous-mêmes. Le pardon est notre passeport pour nous libérer des blessures réelles ou imaginaires du passé.

Une bonne référence pour en apprendre plus sur le sujet: *Comment pardonner?* de Robin Casarjian (Éd. Le Jour) et *L'Observation de la vie* de François Doucet (Éd. L'art de s'apprivoiser).

Vous pouvez vous aider dans cette démarche en utilisant ce type de phrases:

- «Je te pardonne totalement et complètement pour tout le mal que je crois que tu m'as fait par le passé.»

- «Je te pardonne de m'avoir blessé...»

- «Je pardonne inconditionnellement à la vie de m'avoir fait vivre...»

- «Je me pardonne d'avoir voulu être différent, de m'être autosaboté, de m'être maltraité...»

- «Je me pardonne de ne pas m'aimer, d'être dur avec moi-même...»

À vous d'adapter et de trouver vos propres expressions.

◆ Et si vous tentiez de faire le contraire de ce que vous avez toujours fait?

Cela peut paraître simpliste, mais essayons de voir la question de plus près. Jusqu'à présent, vous avez toujours agi de la même façon vis-à-vis de certaines personnes ou situations. Essayez d'adopter une autre démarche que celle que vous avez pratiquée jusqu'ici puisque cette dernière ne vous rend apparemment pas heureux!

Donnez-vous les moyens de vous satisfaire! Les résultats positifs ne se feront pas attendre, vous en serez tout surpris, et vous vous demanderez pourquoi vous n'y avez pas pensé plus tôt!

Prenons un exemple:

Imaginez, vous êtes une femme au foyer qui n'arrête pas de râler parce que son mari rentre systématiquement de plus en plus tard du bureau. Organisez-vous simplement pour ne pas être là quand votre mari rentrera. Ne préparez pas le dîner et sortez chez une amie, au cinéma, au restaurant, ou au théâtre. Ne laissez même pas de petit mot. Répétez cela plusieurs fois, votre mari sera intrigué, il se posera des questions et préférera revenir plus tôt. Il s'intéressera à nouveau à vous, à ce que vous faites, à ce que vous pensez. Vous avez toutes les chances pour que la communication se rétablisse.

Surprenez les autres par des réactions qu'ils ne vous connaissent pas. Trouvez votre formule. *La Magie de l'inattendu* de Rachel Guay (Éd. Face à Face) pourra certainement vous y aider.

◆ Remettez toujours en cause ce que l'on vous dit. Acquérez vos propres convictions!

Même si on vous dit que les choses doivent être accomplies de telle ou telle façon, rien ne vous oblige à les accepter nécessairement ainsi. Ne prenez rien pour «argent comptant» avant de l'avoir expérimenté et en avoir tiré vos propres conclusions. Faites vos propres expériences. Élaborez vos propres idées de ce que vous vivez. À vous de trouver votre chemin. Ce qui est bon pour l'un n'est pas forcément bon pour l'autre!

◆ À vous d'utiliser l'audace et le culot!

Cela se produit surtout dans le domaine du travail, lors de la recherche d'un emploi. Ceux qui en obtiennent un, ce sont souvent des gens qui font ce que les autres n'osent pas faire. L'audace, c'est oser. Oser croire en soi, en ses capacités, ne pas douter. C'est foncer! C'est ouvrir les portes sans avoir peur d'être rejeté ou de se faire dire «non».

Le jour où vous vous ferez confiance, vous vous sentirez pousser des ailes. Vous saisirez le sens des mots: «Je peux», «Tout m'est possible». Les barrières des peurs seront dépassées. Rappelez-vous la phrase: «La Force est avec toi». On vous a dit «non», eh bien, ce n'est pas grave. Ce n'est pas la fin du monde. D'autres personnes vous diront «oui». Soyez différent des autres. Vous êtes unique!

◆ Donnez-vous l'autorisation de demander ce dont vous avez besoin

C'est le moment de le faire. C'est toujours le premier pas qui coûte. Maintenant, vous pouvez vous en donner le droit. Comment voulez-vous que les autres sachent ce dont vous avez envie ou besoin, si vous n'arrivez pas à le formuler clairement? Un grand nombre d'entre nous sommes persuadés que les autres lisent dans nos pensées. C'est faux!

La seule solution pour vous sera d'apprendre à communiquer, d'apprendre à vous exprimer sans pour autant culpabiliser ou agresser l'autre. Il en est de même pour votre apprentissage afin d'oser vous dire. Exprimez votre ressenti, qui vous êtes et comment vous fonctionnez. En apprenant à vous permettre de faire des démarches en votre faveur, vous découvrirez un nombre impressionnant de choses qui vous caractérisent et dont vous ne soupçonniez même pas l'existence.

◆ Il n'en tient qu'à vous de faire des essais!

Essayez tout ce qui vous fait envie! Touchez à tout! Procédez par élimination! Vous avez envie de vous essayer à la guitare? Allez-y! Vous voulez apprendre une nouvelle langue? Allez-y! Vous voulez faire de l'escalade? Faites-le! Si c'est bon pour vous, continuez, sinon, passez à autre chose! La vie est pleine de bonnes choses et de gens formidables! Donnez-vous le droit de les découvrir! Le bonheur n'est pas compliqué. Laissez-le simplement rentrer dans votre vie!

Cette démarche de vous autoriser à le faire vous appartient!

◆ Donnez-vous le droit de prendre des risques!

Vous ne pouvez apprendre de choses, ni faire de démarches, si vous reproduisez sans arrêt les techniques du passé qui ne vous ont pas apporté le bonheur. Pour rompre cette routine du malheur, prenez le risque de procéder autrement, de dépasser vos peurs, vos blocages. Oser être soi, c'est ne plus avoir peur d'être rejeté, de se faire entendre dire «non». C'est oser prendre des risques, faire quelque chose que vous n'avez jamais osé faire.

Avec le recul, vous vous apercevrez que vous avez posé les bons gestes et que vous avez fait la seule chose qu'il fallait faire pour vous libérer de vos anciens blocages.

• *Et si vous deveniez pour vous-même le «parent aimant» que vous avez toujours rêvé d'avoir?*

Et si vous deveniez pour vous-même le parent aimant et attentionné que vous auriez toujours voulu avoir à vos côtés. «Aide-toi et le ciel t'aidera». Si vous n'avez pu l'avoir dans votre enfance et dans votre jeunesse, pourquoi ne pas vous le donner vous-même maintenant? On n'est jamais mieux servi que par soi-même!

Réapprivoisez-vous. Réapprenez à vous aimer. Soyez votre propre guide, votre propre soutien. Aidez votre «enfant intérieur» à trouver appui en vous. Aidez-le à se développer, à développer sa confiance en lui, en ses qualités, en ses talents et en ses dons. Traitez-vous avec douceur, avec respect, avec compassion, avec amour, avec tendresse. Soyez doux et gentil avec vous-même dans votre monologue intérieur. Faites-lui savoir que, quoi qu'il fasse, vous l'aimez pour ce qu'il est.

Dites-lui que vous êtes là pour lui. Qu'il peut compter sur vous, sur votre amour, sur votre compréhension, sur votre acceptation inconditionnelle. Encouragez-le! Aimez-le. Dites-lui souvent: «Je t'aime et je suis fier de toi». Faites-lui savoir qu'il est quelqu'un de très important pour vous. Parlez-lui avec votre cœur, c'est un langage qu'il ne demande qu'à entendre. Si vous pouvez l'aider à construire sa confiance en lui, vous vous serez donné un trésor merveilleux.

J'aime beaucoup l'approche de la communication utilisée par Jacques Salomé dans tous ses livres. N'hésitez pas à les consulter, si vous souhaitez améliorer ou changer votre mode de communication avec vous-même et les autres.

◆ Vous avez toujours le choix, pourquoi ne pas vous en servir?

Votre pouvoir de décision vous appartient. Ne le laissez pas à d'autres. Vous avez toujours le choix. Le «non choix» est également un choix puisque vous préférez vous en remettre aux autres plutôt que de prendre un risque. À vous d'en accepter alors les conséquences de façon responsable.

Nous disposons tous de cette magnifique liberté, celle de faire des choix. Et ces choix, nous pouvons désormais les faire en fonction de ce qui est bon pour nous, de ce qui nous convient et dans le respect de nos besoins et de nos désirs.

◆ Vous pouvez faire le choix d'être heureux!

Je crois qu'«ÊTRE» heureux, c'est tout d'abord se donner le droit d'«ÊTRE». Il s'agit d'une prédisposition consciente à se sentir touché et émerveillé d'être en vie, de regarder autour de soi, de voir les belles choses, le positif, le bon, en toute chose et en tout être.

C'est d'être ouvert à l'intensité du moment présent et de le vivre en toute conscience. C'est de devenir sensible en devenant conscient. C'est de faire le choix de se sentir bien. C'est de s'ouvrir à la beauté de tout ce qui nous environne. C'est de voir le bon, le positif en soi, dans les autres et dans les événements qui nous arrivent. Comme une envie de choisir l'essentiel au lieu de se laisser perturber par des détails ou des futilités. C'est de se donner une nouvelle échelle d'évaluation et de priorités dans sa perception de la vie.

Quand on a traversé la maladie, les épreuves, la souffrance, il me semble que l'on n'a plus envie de perdre son temps à des choses sans importance ou de rester dans la tristesse. On a envie de vivre d'une autre façon. Ouvrez vos sens à la vie, ne traversez plus la vie de façon machinale ou mécanique. Laissez-vous aller à découvrir les sons, les odeurs, les formes, les couleurs. Laissez-vous guider par votre intuition qui vous conduira vers ce dont vous avez besoin.

Donnez-vous l'autorisation de vous diriger enfin vers ce qui vous intéresse, vous. Donnez-vous le droit de vivre enfin vos centres d'intérêt, de vous occuper de ce qui vous passionne, de réaliser ce vers quoi vous mènent vos envies et vos rêves profonds.

◆ Et si vous essayiez de donner sans condition, juste pour le plaisir!

Ne donnez que si vous avez envie de donner. Donner parce que cela vient du cœur. Longtemps, j'ai cru donner, mais en fait je donnais pour recevoir de l'amour, de l'attention, de la reconnaissance. Derrière mon don, il y avait toujours une attente de retour, tellement j'avais peu confiance en moi, et tellement mon vide intérieur était grand.

Depuis que j'ai commencé la remise en question profonde des conditionnements qui ont fait ma vie, j'apprends tout doucement à aimer inconditionnellement, à donner sans condition. Ce n'est ni facile, ni évident mais j'y parviens avec les moyens conscients dont je dispose ici et maintenant. J'apprends à m'accepter imparfaite dans cette démarche.

◆ **Vous pouvez jeter à la poubelle tout ce dont vous n'avez plus besoin!**

Que ce soit:

- des pensées négatives, réductrices, empreintes de culpabilité, d'autocritique, de dénégation, de jugement.

- des gens qui vous font du mal ou qui vous dévalorisent en vous critiquant (rien ne vous empêche de vous en éloigner, en essayant de comprendre en quoi vous-même vous vous faites du mal et en quoi vous vous critiquez, puisque tout ce que l'on reproche à l'autre, ce sont des parties de nous que nous n'acceptons pas).

- des objets ou des souvenirs du passé dont vous ne voulez plus.

Faites le ménage. Allégez-vous l'esprit et simplifiez-vous la vie. Jetez à la poubelle ce dont vous n'avez plus besoin. Laissez la place à autre chose, à du nouveau, à du positif.

L'état d'esprit dans lequel vous êtes attirera des personnes mal dans leur peau ou au contraire heureuses, dont la présence vous fera du bien. Idem pour les objets. Ce que vous avez aimé à un moment de votre vie n'est peut-être plus ce que vous aimez maintenant. Vous êtes une personne nouvelle qui se débarrasse de son ancienne peau.

Pourquoi vous encombrer de tout cet ensemble de pensées, de croyances, de choses dont vous n'avez plus besoin, qui vous encombrent et vous empêchent de vivre votre vie comme vous le souhaitez? En décodant ce qui vous freine (croyances limitatives, culpabilisantes, dévalorisantes, critiques et définitions des autres) vous prenez conscience de tout ce qui vous fait douter de la personne formidable et unique que vous êtes. Pourquoi traîner tout cela derrière vous comme des boulets et des chaînes? Faites un bon nettoyage comme pour une maison. Arrangez votre intérieur comme bon vous semble. N'hésitez pas à changer l'ordre, les priorités:

- Triez les «vêtements-croyances» qui sont désormais trop petits, démodés, dont les coupes et les couleurs ne vous conviennent plus.

- Videz vos «placards-esprit» de tout ce qui ne vous sert plus.

- Aérez, mettez de l'ordre, rafraîchissez en fonction de vos goûts et de vos couleurs.

- Réaménagez votre espace en fonction des besoins de la personne que vous êtes maintenant et non de celle que vous étiez auparavant.

La vie est mouvement.
Le mouvement, c'est le changement.
Le changement, c'est s'adapter dans le
respect de ses besoins et de ses désirs.

◆ **En choisissant de vivre intensément votre présent, vous sortez de votre rôle de «victime» du passé!**

Jusqu'à présent, vous vous êtes conformé à bien rentrer dans le moule fixé pour vous par la famille ou par la société, pour paraître et donner une certaine image de vous-même.

La remise en question vous oblige à voir la réalité en face. Vous avez entretenu des illusions, vous les avez laissé vous mener en bateau. Vous avez été trompé, vous vous êtes dissimulé la vérité à vos propres yeux. Vous ne savez pas qui vous êtes réellement et qui est la personne avec laquelle vous vivez 24 heures sur 24. Vous êtes un inconnu pour vous-même. Incroyable!

La plupart des gens vivent leur vie de façon machinale, et c'est en général celle des autres. Des émotions inconscientes, des actions et des réactions automatiques. Qu'en pensez-vous? Et vous, comment vivez-vous votre vie?

Devenir conscient, c'est:

- être à l'écoute de vous-même, de ce qui se passe en vous, de vos émotions, surtout de celles que vous avez reléguées au plus profond de vous-même, celles que vous n'avez ni voulu voir, ni entendre. Celles sur lesquelles vous avez déversé des tonnes de béton armé pour les immobiliser et les enfouir à jamais.

- faire preuve d'autosurveillance positive quant à votre monologue intérieur, à vos croyances négatives et autodestructrices.

- être vigilant pour les changer en termes d'espoir et de confiance en vous et en vos possibilités.

- vous donner le droit de travailler avec amour avec vous-même pour décoder vos conditionnements négatifs, les neutraliser, les rendre inoffensifs et réduire le pouvoir qu'ils ont sur vous.

- décider de changer votre façon de penser. Vous ferez cette autosurveillance avec d'autant plus de plaisir que vous découvrirez que cela fonctionne. Donnez-vous la possibilité d'avancer

millimètre par millimètre. Viendront les centi-
mètres, les mètres puis les kilomètres!

Il s'agit, en fait, de désapprendre tout ce que
l'on vous a appris de limitatif, de restrictif et de dévalorisant sur vous-même et sur les autres.

Ne vivez plus votre vie dans la peau de la «victime». Débarrassez-vous de cette ancienne peau
qui vous sert de carcan et qui vous emprisonne.
Choisissez de vivre votre vie à fond! Vous n'en
avez qu'une seule! Alors, faites qu'elle soit la plus
réussie possible! Mais oui, c'est possible!

Je vous entends déjà me dire que «ce n'est pas
dans vos cordes, que vous ne pouvez pas». Qu'en
savez-vous si vous n'avez pas eu le courage d'essayer ou de réessayer, si cela n'a pas réussi avant.
Vous êtes une personne maintenant, alors essayez!

Sachez que **vous seul pouvez**:

- décider de vous libérer de vos conditionnements négatifs en apprenant à mieux vous
  connaître (*Oser être soi, se libérer de la dépendance affective*, Eva Arcadie (Éd. Jouvence – cf.
  voir à la fin du livre pour plus d'information).

- choisir les croyances bénéfiques.

Vous avez tendance à croire que vous serez
heureux quand «vous aurez ceci ou cela, quand
vous serez ceci ou cela», finalement vous passez à

côté de votre vie. Vous vous projetez toujours dans l'avenir ou vous revenez au passé et vous vivez rarement le moment présent.

Mais la vie, c'est un ensemble de moments présents. Vivez-les à fond! N'attendez pas d'être malade, de ne plus pouvoir bouger, de ne plus parler ou d'être sur votre lit de mort pour apprécier totalement chaque moment. Si vous ne pouvez être heureux «ici et maintenant» avec ce que vous avez et tel que vous êtes, vous ne serez pas plus heureux quand vous aurez obtenu ce que vous pensez vouloir, car un besoin satisfait en entraîne toujours un autre à satisfaire.

Vivez chaque minute comme si elle était la dernière. Que feriez-vous si l'on vous disait que vous mourrez dans une semaine? Qu'auriez-vous envie de faire, de réaliser? Faites-le maintenant! Essayez, ne serait-ce qu'une journée, de vivre autrement et de voir les choses d'une façon complètement différente. Efforcez-vous de voir les bons côtés, les bons aspects de ces moments-là et des gens que vous rencontrez. Essayez de vivre heureux. Appréciez le sourire d'un voisin, la joie d'une enfant. Trouvez une qualité à la personne que vous n'aimez pas.

◆ Vous pouvez changer en passant à l'action!

Beaucoup d'entre nous ont envie de changer leur vie, leur regard sur eux-mêmes et sur les autres, mais ils se sont arrêtés aux pensées de changer. Une démarche personnelle de remise en question est une démarche active, basée sur des actes concrets. Un investissement personnel en temps, en énergie, au point de vue financier, tout un travail d'autosurveillance bienveillante dans l'acceptation de la personne que vous êtes.

Mais combien sont prêts à s'investir à fond dans leur démarche? Beaucoup préfèrent la solution de facilité, considérant qu'il est plus aisé de rester dans son rôle de «victime», où tout nous est connu, où tout est balisé depuis notre enfance, plutôt que de découvrir et d'expérimenter de nouvelles attitudes, de nouveaux comportements. Ces comportements nous sont familiers, par contre, la nouveauté nous fait peur.

J'ai envie de vous dire que vous avez «tout» à gagner à sortir de cette mentalité de «victime». «Tout» représentant la liberté d'être, de penser, d'agir en fonction de ce qui vous convient et non plus en fonction du regard et des attentes des autres. Vous pouvez devenir responsable, directeur et acteur volontaires de votre vie. Alors, avez-vous envie de goûter à autre chose qu'à du «déjà-vu»?

Dire «un jour je serai riche» et ne rien entreprendre pour arriver à votre but, c'est vivre une illusion et être déçu par votre vie actuelle. À l'origine, vous êtes capable de «TOUT». Si vous avez une idée qui vous plaît, dépassez les peurs qui ne sont que des conditionnements inculqués et entreprenez des démarches concrètes. Le passage à l'acte permet de se dire qu'on est prêt à prendre des risques et à en accepter les conséquences.

◆ **Adoptez une nouvelle attitude: cessez de vous critiquer en vous dévalorisant, arrêtez de vous juger, de vous culpabiliser et de vous condamner!**

Grâce à cette nouvelle approche, votre monologue intérieur (le combat des différents personnages en vous: le parent culpabilisant, le critique, le juge, le tribunal, l'enfant sans défense...) perdront de leur pouvoir sur vous. Vous n'êtes pas obligé de vous épuiser dans ce combat intérieur. En refusant de vous critiquer, de vous dévaloriser, de vous juger et de vous culpabiliser, vous décidez de jouer un rôle actif dans votre bien-être personnel. Cela consiste essentiellement en un travail d'autosurveillance qui transforme vos anciens schémas de pensée et de fonctionnement en de nouveaux plus positifs.

◆ **Et si vous acceptiez de vous écouter et de vous faire du bien?**

• Vous avez besoin de dormir plus longtemps, écoutez-vous et allez vous coucher plus tôt.

• Vous avez l'impression d'être sollicité sans arrêt, dites à votre entourage que de telle heure à telle heure, vous n'êtes pas disponible.

- Vos amis vous téléphonent sans cesse pour vous raconter leurs malheurs et vous pomper de l'énergie, mettez vos limites. Laissez le répondeur prendre les messages. Vous n'êtes pas obligé d'être «S.O.S. J'écoute» si vous ne le désirez pas.

- Certaines personnes dans votre entourage (famille, amis, collègues) vous critiquent, vous jugent et vous condamnent; rien ne vous contraint à garder le contact avec elles. C'est vous-même qui vous y obligez!

- Soyez bon avec vous-même et autorisez-vous à éloigner toutes les personnes qui ne vous font pas de bien.

- Vous n'avez pas envie de vous rendre à une soirée, pourquoi alors vous astreindre à y aller? Décommandez-vous sans chercher à tout prix à vous justifier.

- Responsabilisez les autres. Ne faites pas tout pour eux et à leur place. Même s'ils râlent au début, ils vous seront reconnaissants par la suite de leur faire confiance.

- La chambre de votre enfant est on ne peut plus désordonnée, mais c'est son territoire. Vous pourriez faire en sorte qu'elle soit encore plus en désordre, histoire de le déstabiliser. Il se sentira ainsi débordé et il rangera.

- Ne vous chargez pas des problèmes d'autrui. Chacun est responsable de ce qui lui arrive et vous n'êtes pas garant du bonheur ou des échecs des autres.

Faites les choses, non pas parce que vous devez les faire, mais parce que **vous avez envie** de les faire. Si ce n'est pas le cas, ne vous sacrifiez pas.

◆ Vous n'êtes plus obligé de subir, vous pouvez négocier!

Ce n'est pas parce que quelqu'un vous donne des ordres, vous fixe des délais ou vous impose des échéances impossibles à respecter que vous devez vous y soumettre! Vous avez une langue, servez-vous-en pour expliquer la situation et établir vos limites. L'autre est têtu, qu'à cela ne tienne, vous l'êtes aussi! Ne vous laissez pas démonter. Faites des propositions. Suggérez d'autres formules. Votre supérieur ou votre partenaire est un être humain comme vous, il ne peut vous dominer que si vous voulez bien lui donner ce pouvoir.

Traitez d'égal à égal avec les autres. Quelqu'un vous propose un petit salaire pour ce que vous offrez. Si vous trouvez que votre travail vaut davantage, n'hésitez pas à aller ailleurs, là où vos talents seront reconnus à leur juste valeur. Ce n'est pas parce qu'on ne vous donne pas ce que vous souhaitez que vous devez cesser toute démarche. Poursuivez votre recherche, quelqu'un d'autre a besoin de vos services. Ayez confiance en vous et en la vie.

◆ Transformez votre monologue intérieur!

Avez-vous déjà pris conscience de l'importance de votre monologue intérieur? Tout ce discours que vous vous tenez. Vous y faites inconsciemment intervenir les voix des différents personnages qui forment votre personnalité. Je ne vous citerai que les plus courants: celui qui juge et condamne, le rabat-joie, le perfectionniste, l'insatisfait, le défaitiste, l'aigri... À vous de compléter avec vos propres épithètes concernant les rôles que vous jouez tour à tour.

Vous remarquerez que les voix positives sont beaucoup plus discrètes sinon complètement absentes. De plus, elles se font rapidement «descendre en flèche» par les autres.

Prenez conscience de votre monologue intérieur et de ses divers personnages. Après cette prise de conscience, vous pourrez influer sur les joutes de chacun et refuser de donner la parole aux indésirables. Pour en savoir plus sur le sujet, vous pouvez consulter les livres suivants:

Apprivoiser l'ennemi intérieur, Dᵣ G.R. Bach et L. Torbet (Éd. Hazelden), *Votre critique intérieur: ennemi ou allié*, Hal et Sidra Stone (Éd. Le Souffle d'Or)

◆ Une autre démarche: rassembler les morceaux éparpillés de nous-même

Suite à un passage extrait *Des moments vrais*, de Barbara De Angelis (Éd. Marabout), je me suis rendu compte que j'avais laissé de nombreux morceaux de moi et de mon amour auprès de personnes avec lesquelles je ne souhaitais plus avoir de contacts. Je sentais qu'il était important pour moi de retrouver symboliquement ces parcelles de moi et de reconstituer ainsi mon puzzle intérieur pour me sentir à nouveau complète.

Pour ce faire, vous pouvez utiliser la visualisation. Imaginez-vous en face de l'autre personne dans une atmosphère d'acceptation et d'amour. Restituez à cette personne les parties d'elle-même que vous avez gardées en disant: «Moi, Eva, je te rends à toi, X, les parties de toi qui sont restées avec moi». Faites dire à l'autre personne la même chose. «Moi, X, je te rends à toi, Eva, les parties de toi que j'ai gardées avec moi».

Accompagnez cette démarche d'un geste de votre main partant de votre cœur vers le cœur de l'autre avec un sourire; faites la même chose pour l'autre. Ce geste symbolique de «réappropriation» visuelle vous permettra de ressentir une sensation de plénitude et de bien-être. N'hésitez pas à l'essayer. Peut-être vous aidera-t-il comme il m'a aidé.

Tout doucement, morceau par morceau, nous reconstituerons peu à peu notre image intérieure. Chaque fois que j'ai réussi à ramener au bercail de mon cœur un fragment de moi-même, j'ai ressenti une grande joie, comme une mère qui retrouve son enfant depuis longtemps disparu. À chaque nouveau morceau recueilli, je repars dans ma vie avec plus de courage et moins de peurs.

◆ Vous pouvez apprendre à vivre autrement l'agitation qui est en vous

Vous avez peut-être aussi été surpris par ce genre d'agitation qui vient d'on ne sait où, qui vous fait passer pour inconstant et à laquelle vous réagissez toujours de façon illogique et exagérée. En fait, ce genre d'agitation vous rend impatient de remplir ce vide qui est en vous et vous fait adopter des comportements qui ne vous ressemblent pas. Je pense qu'il est important d'accepter et d'apprivoiser cette partie de vous-même puisqu'elle fait partie de votre personnalité.

◆ Une autre façon de gérer votre colère

Qu'est-ce que la colère? C'est une réaction naturelle et tout à fait normale de protection vis-à-vis des intrusions d'autrui dans notre espace protégé.

Le problème réside dans le fait que, dans notre enfance, il n'était pas de mise d'avoir de colères. Nous avons donc conçu tout un système de refoulement pour y pallier. Au lieu de l'exprimer, nous l'avons refoulée en la tournant contre nous-même. Comment réagissez-vous lorsque vous êtes en colère contre quelqu'un? Au lieu d'affronter cette personne directement, vous aurez tendance à transférer votre colère sur quelqu'un de totalement innocent.

En n'osant pas nous exprimer vis-à-vis l'autre, nous en concevons du dégoût, voire de la rage contre nous-même de ne pas être capable de mettre nos limites et de nous assumer. La conséquence directe sera de développer toute un série de malaises physiques ou de maladies (mal à dire) pour nous autopunir. Ces troubles de santé représentent le meilleur moyen de nous faire prendre conscience de ces attitudes pour nous libérer enfin de toutes ces tensions.

La solution consisterait à pouvoir dire à l'autre sans l'attaquer ou le culpabiliser ce que nous ressentons par rapport à ce qu'il nous a fait ou ce qu'il nous a dit.

Si vous préférez malgré tout adopter la politique de l'autruche et vous cacher la tête dans le sable en vous disant que «cela passera avec le temps», vous le pouvez. Sachez cependant que le problème n'en sera pas réglé pour autant et que la vie se chargera bien de vous représenter ce même problème d'une façon encore plus douloureuse.

◆ Et si vous écoutiez les messages de votre corps?

Toutes les douleurs que vous ressentez ne sont en fait que l'expression de vos tensions internes. Celles-ci sont le résultat de l'inadéquation entre ce que vous aimeriez être ou faire, et ce que vous êtes ou faites.

Elles vous montrent que vous ne vous respectez guère et que ne vous aimez pas davantage. En vérité, ces douleurs sont les derniers recours de votre corps pour vous faire comprendre à quel point vous vous éloignez de la personne que vous êtes fondamentalement, de vos besoins et de vos rêves.

Dès que vous êtes vous-même ou que vous accomplissez les choses que vous aimez, toutes ces tensions disparaissent. L'énergie circule à nouveau librement parce que vous êtes en accord avec vous-même.

◆ Voyez la maladie ou vos malaises physiques comme des signes pour vous aider à changer

Pourquoi votre dos vous fait-il si mal? Que portez-vous de si lourd dans votre vie (de la culpabilité, une personne qui vous juge, quelqu'un qui vous culpabilise, quelqu'un que vous vous obligez à supporter, un poste qui ne vous plaît pas, ou tout simplement le fait que vous vous contraigniez à accepter des choses qui ne vous conviennent visiblement pas...)?

Pourquoi êtes-vous affligé d'angines, de grippes en hiver? N'est-ce pas parce que vous êtes exténué, stressé, ou que vous n'arrivez pas à exprimer aux autres des choses importantes pour vous? Votre corps n'a que cette solution pour vous dire d'arrêter de courir comme un fou à l'encontre de vos intérêts et de vos besoins primordiaux. Inconsciemment, vous lui envoyez un message lui demandant de faire quelque chose pour que vous puissiez vous reposer, ne serait-ce que quelques jours, et il y répond de cette façon-là.

Louise Hay, Lise Bourbeau, Claudia Rainville, Christine Beerlandt (cf. fin du livre) ont beaucoup étudié cette corrélation entre les maladies et nos impossibilités à exprimer aussi bien nos émotions, nos besoins, nos désirs que nos peurs. Le corps ne fait que nous transmettre un message d'inadéquation et de souffrance intérieure d'origine psychologique que nous fuyons sans vouloir la reconnaître. Cette souffrance peut être à la fois de la colère, de la rage, de la frustration de se sentir mal-aimé, rejeté, nié, coupable, inférieur, ou une impossibilité à se dire, à traduire ses besoins ou ce qui nous ronge de l'intérieur.

La majeure partie des maladies a pour cause un malaise intérieur et une impossibilité à l'exprimer.

Acceptez de voir et de reconnaître cette douleur en face. Acceptez de reconnaître cette partie sombre de vous que vous rejetez depuis si longtemps. Acceptez de reconnaître que vous vous êtes toujours menti en croyant ainsi inconsciemment vous protéger. Acceptez de reconnaître que c'est vous que vous avez inconsciemment cherché à punir et à détruire. Acceptez de reconnaître que tous vos maux physiques ne sont que le reflet de vos croyances négatives sur vous-même, sur les autres et sur la vie en général.

◆ Les bienfaits de l'activité physique

Je me permets un petit passage sur les vertus de l'activité physique. Il n'y a rien de tel lorsque vous déprimez, que vous êtes triste, désespéré, que d'aller vous oxygéner, dépenser de l'énergie, vous soulager de toutes vos tensions, de permettre à votre corps de se détendre. Enfin, l'activité physique contribue à couper votre routine et à changer vos habitudes casanières pour de nouvelles attitudes beaucoup plus dynamiques.

Trouvez l'activité qui vous fait le plus plaisir et pratiquez-la!

◆ La solitude: un temps de pause

La solitude est propice au recentrage. Elle vous permet de recharger vos batteries, de pouvoir rentrer en contact avec vos émotions, d'écouter vos besoins réels et vos désirs, d'accorder de l'importance à vos rêves, de découvrir ce que vous indique votre intuition afin de trouver qui vous êtes. Nous avons tous besoin de calme, de paix, de silence, de sérénité pour découvrir nos forces et dessiner autrement la route de notre vie.

J'ai appris à apprécier la solitude. J'aime la compagnie des autres et j'estime également pouvoir compter sur des moments réservés exclusivement pour moi et rien que pour moi. Mon équilibre et ma créativité en ont besoin. Essayez de voir si vous aimez la compagnie des autres pour le plaisir et le partage, ou s'ils agissent pour vous simplement comme paravent –, une fuite pour ne pas vous retrouver face à face avec cet inconnu que vous êtes pour vous-même?

Attitudes
vis-à-vis
des autres

◆ Vous attircz à vous les personnes et les situations en fonction de ce que vous croyez

*S*i vous êtes critique envers les autres, vous serez entouré de gens négatifs et critiques. Vous les attirez comme un aimant puisque vous avez les mêmes croyances. Si vous êtes à l'aise «dans vos baskets», vous attirerez des personnes positives, enthousiastes, croyant en leurs talents et en leurs possibilités.

Certaines personnes n'arrêtent pas de vivre sans cesse ce qu'on appelle des «tuiles». En fait, elles sont probablement persuadées de n'être pas grand-chose et de ne pas mériter le meilleur. La vie n'a, jusqu'à présent, pas été généreuse avec elles et donc, il n'y a pas de raisons que cela change. Leurs croyances profondes se limitent aux aspects néga-tifs. Il ne leur viendrait même pas à l'esprit que la vie puisse les gâter et leur sourire si elles chan-geaient leur façon de voir les choses. Elles s'empê-chent d'ouvrir leurs horizons sur des «possibles».

Elles utilisent également un monologue inté-rieur terriblement culpabilisant. C'est leur façon à elles de s'autopunir ou de s'autodétruire inconsciemment parce qu'elles ne correspondent pas à l'image qu'elles se sont faites d'elles-mêmes.

Chaque personne qui se trouve sur notre route n'y est pas par hasard. Elle est notre miroir. Elle est là pour nous aider à évoluer. En général, ce que nous ne supportons pas chez l'autre, c'est bien souvent le reflet de notre propre «côté sombre» que nous ne voulons pas admettre. Ce côté que nous n'avons jamais voulu voir en face parce que nous nous sommes bâtis une image «illusion» à notre sujet et que ce «côté sombre» ne colle pas avec cette image.

Par exemple:

Le fait d'avoir un patron colérique qui s'en prend à vous régulièrement, pourra vous faire prendre conscience de la colère sourde enfouie au fond de vous et que vous n'avez jamais eu le courage de reconnaître et de vous avouer.

Un autre exemple:

Vous vous considérez comme une personne bonne, généreuse, toujours souriante et altruiste. Exprimer votre colère n'est pas adéquat avec votre image. Vous vous imaginez que si vous montrez votre vrai visage (si vous laissez libre cours à votre colère), les autres ne vous aimeront plus.

◆ Les relations difficiles avec les autres sont autant de cadeaux d'évolution!

Elles représentent votre difficulté à vivre en harmonie avec vous-même. Elles sont l'image de votre inaptitude à vous dire, à exprimer vos besoins et à vous fixer des limites. Elles sont votre miroir intérieur.

Remerciez-les d'avoir involontairement contribué à vous faire vivre des choses difficiles qui vous ont placé face à face avec vous-même, qui vous ont obligé à reconnaître votre responsabilité. Vous avez cru être en colère contre les paroles ou les gestes de l'autre, mais en fait, si vous y regardez de plus près, ce n'est pas contre l'autre que vous éprouviez de la colère, mais contre vous-même, car vous ne vous êtes pas respecté à vos propres yeux. Il est toujours plus facile de blâmer l'autre que de remettre en question nos anciens schémas de fonctionnement.

Au lieu de subir ces relations, vous pourriez vous en servir comme exercices pratiques pour améliorer votre estime personnelle, pour affirmer votre personnalité, pour oser redéfinir vos limites, pour demander ce dont vous avez besoin, pour apprendre à mieux communiquer, pour oser leur parler d'égal à égal.

Chaque personne est là pour nous aider à nous définir suivant nos besoins et nos désirs. Comme les autres, vous avez le droit d'être tel que vous êtes. L'objectif est d'apprendre à clarifier vos messages tout en continuant de vous affirmer. Tant pis pour ceux qui ne vous acceptent pas ainsi!

Sachez aussi que, dans votre vie, vous serez mis en présence de nombreuses personnes: certaines que vous croiserez, d'autres avec lesquelles vous aurez des relations plus fortes, d'autres encore qui seront sur votre chemin juste pour vous aider ou vous faire prendre conscience de quelque chose, d'autres encore pour vous faire mûrir, etc. Cherchez à découvrir chaque fois ce que cette expérience vous a apporté.

◆ Comment communiquer avec les autres?

Nous créons le monde dans lequel nous vivons en envoyant aux autres des messages très précis leur disant comment nous traiter. Essayez de vous écouter parler, d'être attentif à ce que vous dites aux autres et comment vous vous présentez. Vos messages sont explicites. Comment vous décrivez-vous? Comment décrivez-vous les autres? Vos phrases portent en elles la façon dont vous voulez que les autres vous traitent. En prendre conscience vous rendra un immense service.

◆ Vous pouvez apprendre à respecter l'autre!

Ne cataloguez pas les autres, ne cherchez pas à les définir. Évitez les a priori, les préjugés, les critiques, les jugements et les condamnations. Que savez-vous de l'autre: Rien! Comment pouvez-vous le juger? Vous ne connaissez de l'autre que la partie visible de l'iceberg, mais que faites-vous de tout le reste?

L'autre est en quelque sorte un autre vous-même. Tout comme vous, il est lui aussi un être en constante évolution et en apprentissage. Soyez conscient que toutes les fois où vous critiquez ou que vous portez un jugement sur l'autre, c'est vous-même que vous agressez. Pourquoi? Car la poutre que vous voyez chez l'autre est la même que vous ne voulez pas voir en vous. Ce que vous reprochez à l'autre inconsciemment est un aspect de vous que vous niez et que vous refoulez. Chaque fois que vous avez la tentation de juger ou de critiquer quelqu'un, ayez le courage de vous demander:

> **«Quel est l'aspect de moi**
> **que je ne supporte pas?**
> **Comment puis-je l'accueillir?**
> **Je remercie l'autre de m'avoir**
> **permis de repérer un aspect**
> **de moi qui m'était inconnu.»**

Vous pouvez adopter la démarche suivante:

«Qui suis-je pour me permettre de le critiquer? Il est ce qu'il est. Il a son histoire et son passé comme moi j'ai les miens. Il est mon égal, peu importe son grade, son niveau d'éducation, son niveau social. Je suis aussi imparfait que lui. En respectant sa dignité d'homme, je suis en mesure de respecter ma propre dignité.»

◆ Ne faites pas à autrui ce que vous n'aimeriez pas que l'on vous fasse!

À chaque fois que vous voulez faire quelque chose à quelqu'un, que vous êtes en réaction par rapport à cette personne, prenez le temps de penser si vous aimeriez que l'on vous fasse la même chose. Si la réponse est «non», n'agissez pas en ce sens. Pensez à la loi «de cause à effet». Il vaut parfois mieux se faire du bien en pardonnant plutôt que de rentrer dans la spirale de la violence.

**«Soyez avec les autres
comme vous aimeriez que les autres
soient avec vous!»**

◆ Une nouvelle optique: celle du gagnant-gagnant!

Il existe quatre perceptions de la vie auxquelles nous faisons régulièrement référence. Les trois suivantes sont dévalorisantes:

- gagnant-perdant: «Si je gagne, tu perds». Il n'y a qu'un seul gagnant, au détriment de l'autre.

- perdant-gagnant: «Je vais perdre pour que tu puisses gagner». Pour ceux qui veulent la paix à tout prix.

- perdant-perdant: «C'est comme ça et pas autrement». Pour ceux qui restent crispés sur leurs positions et veulent la guerre.

Il y en a cependant une beaucoup plus valorisante, celle du:

- gagnant-gagnant: «Ne faisons pas les choses selon ton idée ou en fonction de la mienne, mais faisons-les au mieux».

Il s'agit d'un schéma de coopération dans la confiance et exempt de compétition. Une histoire d'alliés et non d'adversaires. Chaque partie traite d'égal à égal dans un but de développement commun.

◆ Et si vous ne vous entouriez que de personnes positives qui vous font du bien!

Pour changer votre vie, décidez, dès à présent, de vous entourer de personnes dynamiques, positives, gaies, vraies, bien dans leur peau, créatives, énergisantes, qui vous encouragent, vous soutiennent, vous accompagnent. Des personnes qui vous font du bien, qui vous acceptent tel que vous êtes, qui croient en vous et en vos possibilités, qui vous motivent et qui vous apprécient pour la personne que vous êtes.

Dégagez-vous de toutes celles qui vous pompent votre énergie. Vous êtes seul responsable des choix que vous faites. Rien ne vous oblige, sinon vous-même, à continuer de fréquenter des personnes de votre famille ou de votre entourage qui ne vous conviennent pas. C'est à vous qu'incombe la responsabilité de vous respecter et de vous sentir bien dans vos choix. Faites place nette autour de vous et commencez à faire des choix en votre faveur!

◆ Et si vous osiez dire «Je t'aime» à ceux et celles que vous aimez!

On ne dit jamais assez «Je t'aime» à ceux que l'on aime. Fausse pudeur, timidité, peur du rejet, peur du ridicule? N'attendez pas de vivre des moments graves pour le faire. Osez le dire! Montrez aux autres que vous tenez à eux, qu'ils sont importants pour vous. C'est tellement agréable de l'entendre et si bon à dire! Dites-le à votre femme! Dites-le à vos enfants! Dites-le à vos amis! Exprimez-le à tous ceux et celles que vous aimez. Ce n'est pas parce que nous sommes devenus adultes que nous n'avons plus besoin d'amour, de signes d'affection et de tendresse. Nous sommes comme les enfants, nous avons autant besoin d'amour et de reconnaissance qu'eux! Pensez-y!

• *Exercice:*

Prenez une feuille de papier et laissez-vous aller à compléter ces phrases avec votre cœur:

- «Je t'aime parce que...
- «J'ai du respect pour toi parce que...
- «Je te demande pardon pour...

En ouvrant ainsi votre cœur à l'autre, vous lui permettez de découvrir ce que vous aimeriez lui dire et que vous n'avez jamais osé faire. Ce geste plein d'amour vous rendra heureux.

◆ Vous rapprocher des autres par le toucher

Nous vivons dans une société où, de plus en plus, on évite les contacts physiques. Par pudeur, par peur, nous n'osons pas prendre les gens dans nos bras, leur tenir la main, leur faire de vrais bisous. On se contente de baisers en l'air, d'effleurements. De quoi avez-vous besoin quand vous êtes bien, mais surtout quand vous vous sentez mal? C'est de la présence de l'autre, de son attention, de son écoute. N'avez-vous pas l'impression d'être pleinement accepté quand on vous tient la main, que l'on vous câline, que l'on vous étreint dans ses bras? Vous n'êtes pas différent des enfants en ce sens, vous avez besoin vous aussi de vous sentir accepté de cette façon. Alors, pour être touché, commencez par donner de vous-même. Cela vous reviendra!

◆ Se faire plaisir en félicitant les autres!

Félicitez votre épouse ou votre époux pour tout ce qu'elle ou ce qu'il fait pour vous. Pour le fait de s'occuper des enfants, de la maison. Félicitez les enfants d'être comme ils sont. Félicitez vos collègues de travail quand ils font du bon travail. Félicitez les gens autour de vous. Félicitez la fleuriste pour ses belles compositions florales. Félicitez le boulanger pour son bon pain et ses bonnes tartes. Ne soyez pas avare de compliments sincères et de petites phrases qui illuminent toute votre journée.

◆ Ah! le pouvoir du sourire!

Souriez pour vous, pour les autres. Laissez-vous sourire pour un rayon de soleil, pour un oiseau qui chante. Souriez à un enfant, à une personne âgée, à un voisin, à une inconnue. Éclairez votre visage quelques instants. Le sourire est communicatif. Il rend de bonne humeur. Il ajoute une petite note ensoleillée dans la journée. Il rend les gens agréables et ouverts. La tristesse est un état passager. Vous n'êtes pas la tristesse et vous pouvez changer les choses. Je vous demande seulement d'essayer, pas pour moi, pas pour les autres, mais juste pour vous. Essayez d'adopter une autre démarche que celle que vous pratiquiez jusqu'à présent, pour la simple raison qu'elle ne vous rend apparemment pas heureux. Vous seul êtes à l'origine du changement!

◆ Autorisez-vous à remercier et à faire des compliments!

Surprenez-vous à accomplir des gestes d'amour pour les autres. Que c'est agréable de voir un visage rayonner suite à un compliment. Je crois que c'est aussi plaisant pour celui qui fait les éloges que pour celui qui les reçoit. Imaginez ce que serait votre vie si on apprenait à ponctuer nos phrases de mots comme «merci» et «s'il vous plaît», au lieu d'arborer une attitude froide et distante.

C'est souvent grâce à des détails que l'on peut changer sa vie, et d'autant plus quand on se sent ainsi reconnu, valorisé et apprécié. Alors, laissez-vous tenter par cette nouvelle approche, dans votre famille, à votre travail, lors de vos déplacements. Donnez-vous des opportunités d'être heureux en rendant les autres heureux. Votre journée en sera illuminée. Le bonheur, c'est aussi cela!

◆ Ah! les petits gestes et les petites attentions!

Qui d'entre vous n'a jamais reçu un petit geste, une petite attention de la part de quelqu'un de son entourage ou d'un inconnu? Repensez à la joie, au bonheur que vous avez ressenti. Recevoir une fleur, un appel, un compliment, une parole gentille, des félicitations, un sourire, un geste, une attention que c'est bon! Si nous aimons recevoir, nous pourrions peut-être essayer de donner, comme ça, sans raison, juste parce qu'on en a envie. Le bonheur, c'est aussi simple que cela, seulement on n'y pense pas ou plus. On en est pourtant tous capables. Et si vous essayiez, rien que pour voir!

◆ Et si vous vous donniez l'autorisation d'aller vers les autres?

Les autres, c'est un peu nous. Leur faire du mal, c'est nous faire du mal. Leur faire du bien, c'est nous faire du bien. Savoir que l'on a apporté un peu d'écoute, d'attention ou de chaleur humaine à quelqu'un est une satisfaction qui embellit toute votre journée. N'hésitez pas à accorder parfois de tels moments aux autres. Je sais combien cette écoute m'était précieuse quand je me sentais désespérée.

◆ Rien ne vous empêche de créer votre propre groupe de soutien!

Un groupe de soutien est un groupe de parole et de rencontre pour les personnes qui vivent la même chose que vous. On s'y retrouve pour parler de soi, de notre vécu, de nos difficultés de vivre avec nous-même, avec les autres, de nos blocages, de nos souffrances. C'est un endroit où l'on sera entendu et écouté sans jugements, ni critiques.

Pour constituer votre propre groupe de soutien, référez-vous au livre de Robin Norwood, *Ces femmes qui aiment trop* (Éd. J'ai Lu).

Attitudes
vis-à-vis
de la vie

*D*ans la vie, un certain nombre de repères sont
là pour vous aider à trouver votre chemin. En
voici quelques-uns.

VOS REPÈRES

◆ Votre intuition

Suivez votre intuition. Elle seule sait ce qui est
bon pour vous. C'est votre boussole. J'aime à croire
que notre intuition, c'est la réminiscence du film
que nous avons vu de notre vie en tant qu'âme
avant de nous incarner en la personne que nous
sommes. Ayant déjà vu défiler notre vie, elle sait ce
qui nous convient. Au bout du compte, c'est
quand même vous qui faites le choix final. Ne pas
écouter votre intuition vous amène à commettre
des erreurs. En vous fiant à elle, vous êtes sûr de
vous respecter.

Comment reconnaître son langage? Si vous avez
un choix à faire et que vous êtes indécis, dites:

– «Je me sens bien avec le choix A»;

– «Je me sens bien avec le choix B»;

et observez vos réactions. Si vous ressentez de l'enthousiasme, du plaisir ou de l'énergie, si votre visage s'éclaire d'un sourire, c'est incontestablement le bon choix.

Par contre, si vous êtes envahi par le doute, si vous êtes incertain, si vous donnez des réponses rationnelles ou logiques, que vous utilisez les termes «je dois», ou «il faut», si votre visage est triste ou fait la moue, c'est que cela ne vous convient pas.

Ne cherchez pas à être logique ou rationnel. Les choix de l'intuition – les bons pour vous – vont souvent vous inciter à agir contrairement à la logique et à la raison. Votre intuition vous conseillera de faire des choix en votre faveur, pour votre bien, pour votre épanouissement. L'écouter, vous aidera à mener votre vie en accord et en respect des besoins et des désirs de la personne que vous êtes.

N'écoutez pas les personnes négatives que vous dérangez par votre changement d'attitude, par le fait que vous commencez à vous sentir bien dans votre peau. Vous les déstabilisez, elles n'aiment pas le changement. Votre intuition vous aidera à faire les choix selon votre cœur et non pas en fonction de la raison ou de la logique.

Croyez en vous, en vos possibilités. C'est votre vie, rendez-la géniale! Laissez-vous guider par votre intuition, vous ne serez pas déçu!

◆ Le hasard, les coïncidences

Nous sommes toujours surpris par la synchronicité et la justesse de ces coïncidences. Tous ceux qui sont sur le chemin de la connaissance de soi et du développement personnel savent qu'il n'y a pas de hasard. Ce qu'on appelle «hasard, coïncidences», ce sont des personnes, des événements, des paroles, des messages, des signes qui sont mis sur votre chemin pour vous faire avancer et pour vous faire évoluer. À vous de les déchiffrer. Ils sont des clins d'œil du destin pour vous faire croire que le bonheur n'est pas compliqué et que, pour vous aussi, la vie peut être heureuse et agréable.

◆ La loi de cause à effet

Ce que vous envoyez dans la vie vous reviendra à un moment ou à un autre, souvent même décuplé. C'est l'effet «boomerang» ou l'effet «écho». Cela marche pour le positif comme pour le négatif. Vous envoyez du bien, il vous revient amplifié sous une forme ou une autre. Il en est de même pour le mal, l'amour ou la haine, idem pour les croyances de manque ou de prospérité concernant l'argent.

◆ Les pertes: des occasions de grandir

Durant toute votre vie, vous ferez face à un grand nombre de pertes plus ou moins importantes pour vous: qu'il s'agisse de personnes qui vous sont chères, de relations, d'un emploi qui vous assurait la sécurité financière, d'un divorce, d'une faillite, des périodes de notre vie, des endroits que l'on a aimés (déménagements), la santé ou une partie de notre corps. Certains événements vont vous déstabiliser et vous rendre vulnérable.

Ne refoulez pas ce que vous éprouvez. Au contraire, laissez-vous aller à ressentir cette souffrance. Affrontez-la. Les larmes sont là pour vous aider à donner libre cours à votre peine, votre tristesse, votre colère ou votre rage. Laissez couler les vôtres. Le deuil fait partie de la vie.

Joignez-vous à un groupe de soutien rassemblant des gens qui ont vécu le même genre d'expérience que vous. Se retrouver avec des personnes qui vivent la même problématique que vous, partager avec elles vos émotions est d'un grand réconfort.

Perdre votre travail peut vous paraître la pire des calamités, vous vivez cela comme une sanction, une injustice, mais vous pourriez tout aussi bien considérer ce congédiement comme une nouvelle occasion de reconstruire quelque chose en fonction de vous-même, de vos besoins et de vos désirs. Combien de personnes ont reconnu par la suite qu'avant d'être licenciées, elles n'aimaient plus leur travail et que quelque part la vie avait entendu et répondu à leur souhait de changement?

Elles ont dû traverser des caps difficiles: ceux du doute, de la colère, du manque de confiance en elles, en leurs possibilités, ceux de la remise en question totale d'elles-mêmes, de leur vie professionnelle, familiale, sociale. Ces personnes ont été confrontées à la panique, à l'angoisse, à des situations familiales et financières allant en se détériorant. Certaines ont préféré se laisser couler, d'autres ont au contraire décidé d'utiliser ce qui leur arrivait pour comprendre ce qu'elles voulaient vraiment et ce qu'elles étaient prêtes à faire pour changer les choses.

Il peut s'agir d'une période de remise en question de vos priorités. Vous pouvez l'envisager comme une étape qui vous est offerte à titre de seconde chance de refaire votre vie, établie sur de nouvelles bases et de nouveaux critères: les vôtres. Essayez toujours de tirer des leçons positives du passé et de voir ce que cela vous a apporté.

Si vous vivez des situations très pénibles en ce moment, les questions suivantes peuvent vous aider à y voir plus clair:

- Qu'est-ce que cet événement cherche à me dire?

- Quelle est la leçon que je peux en tirer? Qu'ai-je à comprendre?

- Qu'est-ce que je peux transformer pour sortir de mon rôle de victime et devenir «maître de ma vie»?

◆ Comment être sûr que vous êtes sur la bonne voie?

Cela peut se caractériser souvent par une sensation de liberté et de bien-être. Vous êtes heureux des petites choses qui vous arrivent, des progrès que vous faites. Tout n'est plus aussi noir et aussi lourd qu'avant. Le ciel semble se dégager, vous commencez à croire en de nouvelles possibilités. C'est encore un peu diffus, mais vous sentez que vous pouvez changer et que votre vie peut s'améliorer si vous vous en donnez les moyens.

Vous commencez à comprendre que vous pouvez effectivement influencer votre vie dans un sens plus positif et différent d'avant. Vous commencez à découvrir des facettes de vous-même que vous ne soupçonniez guère et qui vous plaisent. Vous commencez tout doucement à découvrir cette personne qui se dissimulait sous ces couches de béton, sous ces masques. C'est un peu comme si vous tentiez d'apprivoiser un animal sauvage. C'est long. Il faut beaucoup de patience et d'amour. Cette personne que vous découvrez commence à vous plaire. Bien sûr, elle demeure encore très fragile et vulnérable, mais elle ose cependant se dévoiler à vous lentement, timidement.

Lorsque vous êtes en harmonie avec vous-même, avec vos émotions, avec votre mental et votre corps, tout semble plus facile. Vous sentez en vous une force nouvelle très positive et très dynamisante. Vous allez vous lancer dans une multitude d'expériences pour trouver ce que la vraie personne que vous êtes, aime ou n'aime pas, ce qui la rend heureuse, la motive, ce qui la fait dépasser ses anciens schémas de pensée et de comportement.

◆ Comment se libérer de tous ces conditionnements négatifs et destructeurs qui empêchent de vivre pleinement sa vie?

Lisez des livres, participez à des conférences, soyez attentif à ce que vous sentez, éprouvez et vivez. Découvrez les expériences des autres. Allez voir un psy qui vous aidera à rentrer en contact avec vous-même, avec vos émotions. Expérimentez les groupes de soutien qui vous permettront de partager en toute sécurité et confiance votre ressenti et votre vécu. Si d'autres ont réussi à s'en sortir et à se libérer des poids de leur passé, pourquoi pas vous? Cela vous est également accessible! Identifiez vos croyances négatives, vous avez la possibilité de les cerner. En prenant conscience de l'impact qu'elles ont, vous pourrez commencer à les travailler pour les transformer en croyances dynamisantes et motivantes.

• *Exemple:*

Prenez une feuille de papier et notez les croyances négatives:

- à votre sujet;

- au sujet de votre travail;

- sur la conception que vous avez de l'amour et du couple;

- sur les autres;

- sur la prospérité et l'abondance;

- et dans tous les autres domaines qui vous sont chers.

«Je n'arriverai jamais à rien» est un conditionnement. Quelqu'un ou plusieurs personnes dans votre entourage vous ont dit que vous étiez «nul» et que vous n'aviez aucune chance de réussir dans la vie. Vous avez pris leurs définitions à votre compte. Vous vous êtes laissé définir par les autres et vous avez pris leurs paroles pour des vérités. Vous rendez-vous compte que, durant toute votre vie, vous avez laissé les autres vous étiqueter, vous mettre dans de petites cases, et que vous avez adopté ce qu'ils disaient comme étant LA vérité?

Maintenant que vous en avez pris conscience, votre travail consistera à vous dire, chaque fois que cette phrase vous arrive en tête:

«Stop, c'est la définition des autres. Ma propre définition est: "J'ai envie de développer mes capacités créatives. Je me donne le temps de les découvrir et de les essayer. Je ne suis pas pressé. Je le fais à mon rythme. Je suis heureux d'essayer. Tout m'est possible!"»

◆ Et si vous envisagiez votre vie comme une fabuleuse aventure?

Vivez-la «ici et maintenant», c'est-à-dire dans l'instant présent. Ne pensez pas à ce que vous devez faire plus tard ou ce que vous avez oublié de faire. Ne pensez plus à l'avenir, ne pensez plus au passé. Vivez cet instant! Tout peut arriver. Imaginez que le meilleur peut vous arriver et vous l'attirerez! Arrêtez de toujours penser au pire et aux catastrophes. Ce n'est pas parce que cela se déroulait mal par le passé que vous ne pouvez pas changer les choses et les voir autrement maintenant!

À tout moment, vous avez la possibilité de choisir de croire en de bonnes choses pour vous! Vous pouvez rendre votre vie formidable à partir de l'instant où vous serez vrai avec vous-même, vos besoins, vos désirs, vos rêves, vos envies et avec les autres. Auparavant, tout vous semblait irrémédiablement fermé, dorénavant toutes les portes vous sont désormais ouvertes parce que vous choisissez de les voir comme telles!

◆ Chaque difficulté est là pour vous aider à évoluer!

Quoi qu'il vous arrive, dites-vous que c'est là pour vous aider à évoluer et à dépasser vos blocages et vos conditionnements du passé. Posez-vous les questions suivantes:

- Pourquoi est-ce que je le prends ainsi? Qu'est-ce que cela réveille en moi?

- N'y a-t-il pas une autre façon positive et constructive de voir ce qui m'arrive?

- Comment puis-je vivre cela au mieux pour moi?

- Qu'est-ce que cela veut m'apprendre? Quel message dois-je comprendre?

Avec le recul, vous verrez et vous constaterez que vous aviez besoin de cette expérience pour prendre conscience d'un aspect de votre personnalité que vous ne vouliez pas accepter.

◆ Ne laissez pas les problèmes envahir et détruire votre vie: relativisez!

Quel est votre plus gros problème? C'est de dramatiser ce qui vous arrive. Un rien peut prendre des dimensions complètement disproportionnées. Calmez-vous. Les problèmes n'ont que l'importance qu'on leur donne. Tout dépend de votre interprétation. N'oubliez pas: le problème est un fait, c'est votre façon de l'interpréter dans un sens ou dans l'autre qui fait toute la différence. Essayez de ne pas vous laisser emporter par vos émotions. Relativisez vos réactions.

Pourquoi ne pas adopter cette nouvelle démarche dans vos prochaines expériences? Elle recèle un formidable pouvoir, celui de relativiser, de dédramatiser et d'apaiser les choses. Vous découvrirez avec surprise qu'il y a d'autres approches des événements que celles que vous utilisiez auparavant. Votre façon habituelle et plutôt négative de considérer certaines situations vous faisait beaucoup de mal et vous pompait aussi beaucoup d'énergie. Cette nouvelle approche est devenue pour moi un excellent outil de travail sur moi-même. Et si elle s'avérait également bonne pour vous? Essayez!

◆ Vous avez un problème: «Lâchez prise»!

Plus vous pensez, plus vous vous penchez sur un problème, plus vous luttez contre lui, et plus vous lui donnez de pouvoir. Le «lâcher prise» est de laisser aller le problème, de se détacher de lui, de vous occuper autrement en attendant de trouver la solution, de penser à autre chose.

Lâcher prise, c'est accepter que vous n'êtes pas en mesure de le résoudre pour le moment. Vous n'en avez pas les moyens. Plus vous vous détacherez, plus vous accepterez que vous ne pouvez rien faire, plus vous recevrez de petits signes qui vous aideront à le résoudre. C'est alors que la solution vous apparaîtra.

Laissez-vous du temps. Les décisions à la «va-vite» sont mauvaises. Si vous sentez un doute, c'est que votre intuition est peut-être en train de vous dire que vous n'êtes pas sur le bon chemin. Prenez un délai de réflexion et décentrez-vous de ce problème. La solution viendra tout naturellement.

Je vous propose également une autre méthode lorsque des pensées vous obsèdent et captent toute votre énergie:

Imaginez que vous faites un «stop» sur une pensée et que vous la jetez à la poubelle (les personnes qui travaillent avec moi aiment beaucoup cette technique).

Le système de l'ancrage dans le moment présent «ici et maintenant», «je suis assise sur une chaise, je suis habillée de..., il est 10 h. Je suis aimée. Je suis pleine d'amour pour moi, l'amour me remplit et m'entoure». Cela permet de se recentrer sur autre chose que ses pensées destructrices. Ça marche!

◆ Simplifiez-vous la vie!

Cette phrase peut devenir votre leitmotiv. Quoi que vous entamiez, quelles que soient les décisions que vous prendrez, posez-vous cette simple question:

«EST-CE QUE ÇA VA ME SIMPLIFIER LA VIE OU ME LA COMPLIQUER?»

J'ai remarqué le nombre impressionnant de complications que chacun de nous se crée. En vous simplifiant la vie, vous vous donnez la possibilité de vivre votre vie de façon saine et harmonieuse puisque vous faites des choix clairs en fonction de vos désirs et de vos besoins réels.

◆ Profitez de chaque instant de votre vie!

Ne perdez pas un seul instant de votre vie. Cette vie vous a été offerte comme un cadeau. Sachez l'apprécier. De combien de temps disposez-vous? La vie est espoir. La vie va vers la vie. Ne dramatisez pas vos épreuves. Remettez-les dans leur juste perspective. Ne vous laissez pas emporter par la plus forte de vos émotions. Arrêtez-vous pour évaluer le pour et le contre. Essayez de le faire comme si vous vous observiez de l'extérieur, sans émotion, sans vous impliquer.

De cette façon, vous êtes plus en mesure de prendre les bonnes décisions. Laissez-vous du temps. Les faits sont les faits, mais c'est votre interprétation qui change tout. Elle peut être tournée vers le négativisme ou vers une lecture plus optimiste de la situation. C'est votre choix.

N'attendez pas un choc, un accident, ou la mort pour vous rendre compte que chaque moment est précieux! Donnez-vous l'autorisation de vivre, d'être la personne que vous vous sentez être, même si ça ne plaît pas aux autres. Vous avez envie de montrer votre bonheur. Affichez-le!

Donnez-vous l'autorisation de faire tout ce qui vous apporte du bonheur: planter des fleurs ou des arbres, bricoler, vous promener, écrire, dessiner, chanter, et si les gens l'acceptent mal, tant pis pour eux. C'est leur problème! Si vous avez envie de serrer la personne que vous aimez sur votre cœur, si vous avez envie de l'embrasser, allez-y, et peu importe ce que les autres en pensent!

◆ Au lieu de passer en revue tout ce que vous n'avez pas, voyez plutôt tout ce que vous avez!

À force de ne penser qu'à tout ce qui vous manque, vous vous installerez dans un état de manque. Votre vide intérieur n'en sera que plus grand. Vous serez triste, en colère, frustré et mécontent!

Vous pouvez penser, bouger, parler, communiquer, sourire et rire. Pensez à ceux qui ne le peuvent plus, parce qu'ils sont malades, accidentés, dans l'impossibilité de bouger. Pensez à tous ceux qui ont vraiment des raisons d'être malheureux.

Relativisez votre cas. Vous avez en vous tous les éléments et toutes les solutions pour vous sortir de ce que vous n'aimez pas ou plus. Rien n'est défi-nitif. Il existe toujours des solutions, des portes qui ne demandent qu'à être ouvertes! Arrêtez d'être à ce point pessimiste! Vous avez tendance – tout comme moi il y a quelque temps – à insister sur le côté négatif. Inconsciemment, nous aimons quelque part nous complaire dans cette situation de victime. Mais rendez-vous compte de tout le chemin que vous avez déjà parcouru!

Prenez conscience de tous les progrès que vous avez déjà réalisés sans vous en rendre compte! Re-gardez d'où vous venez! Vous avez déjà tellement de raisons d'être fier de vous et de ce que vous avez déjà accompli? Haut les cœurs! courage! Donnez-vous du temps et cessez de geindre. Choisissez de laisser de côté l'aspect négatif et commencez à pri-vilégier l'aspect positif. Je vous garantis de beaux changements dans votre vie!

◆ Remerciez la vie pour tout ce qu'elle vous apporte!

En me réveillant et en m'endormant, je re-mercie la Vie pour sa générosité, pour ses signes, pour les personnes rencontrées sur ma route, pour les prises de conscience, pour les événements qui m'arrivent. Je ne comprends pas toujours tout, ni le sens des épreuves que je traverse, mais je me dis qu'il y a une signification à tout cela et que les épreuves et les gens sont là pour me faire évoluer et me faire parvenir à l'amour inconditionnel de moi-même et de mon prochain. Ce n'est pas une démarche facile surtout pendant les épreuves, mais il est certain que je suis protégée, que Quelqu'un veille sur moi et me guide sur le chemin de la vie.

◆ Ne forcez pas les choses!

Vous avez peut-être voulu, vous aussi, aller trop vite, et la seule orientation possible alors était pour vous celle que vous avez choisie. Et pourtant, rien n'a marché comme vous l'aviez souhaité. Pendant longtemps, vous avez eu l'impression de vous cogner à chaque fois contre des murs. Vous aviez pourtant le sentiment que les choses devaient se dérouler ainsi. Vous êtes-vous demandé pourquoi cela ne marchait pas et pour quelle raison cela vous arrivait-il à vous?

Comme vous, j'ai vécu ces moments de doute, de désespérance, où je me sentais seule et abandonnée lors de ces épreuves. Je n'avais aucune indication sur la voie à suivre. Je ne comprenais pas. J'étais déboussolée.

Depuis, j'ai néanmoins appris que ce n'est pas forcément nous qui façonnons notre destin et notre vie. Ne cherchez pas à contrôler. Préférez plutôt accepter ce qui vous arrive. Là se trouve la clé de la sérénité.

J'ai appris à accueillir ce que la vie mettait sur mon chemin. Elle est pleine de surprises de toutes sortes qui ont toutes une signification pour nous aider à évoluer et à nous rapprocher de l'amour inconditionnel de nous-même et des autres. Je suis moi-même passée par là et j'ai mis en pratique ce dont je vous parle. Si cela a marché pour moi, il est certain que cela fonctionnera pour vous également!

◆ Adoptez une conduite responsable envers les ressources naturelles de notre Terre!

Ne gaspillez pas les ressources de notre Terre: l'eau, l'air, la terre, la nature et ses créatures vivantes et inertes. En adoptant une attitude consciente et responsable d'un citoyen du monde faisant partie d'un tout, vous pourrez contribuer, à votre niveau, à l'amélioration de la gestion respectueuse des ressources naturelles.

Juste un exemple: le gaspillage d'eau dans la salle de bain (l'eau que vous laissez couler de votre robinet pendant que vous vous lavez les dents), idem pour la cuisine, le lavage de voiture au jet d'eau, alors que plusieurs seaux d'eau suffiraient, etc. Imaginez cet acte multiplié par des millions d'individus au même moment! Un simple geste comme celui de fermer le robinet, éviterait tout ce gaspillage! L'eau est un bien précieux et rare! Nous avons la chance d'en avoir, mais nous devons apprendre à la gérer différemment. Elle n'est pas forcément inépuisable.

Il en est de même pour l'air. Ne laissez pas tourner votre moteur de voiture quand vous êtes à l'arrêt pour un moment. Éteignez-le! Nous vivons en ville dans un environnement déjà tellement pollué.

Votre geste répété par des millions d'individus conduit à des conséquences positives ou négatives pour l'univers!

◆ **Apprenez à vivre de façon consciente les gestes quotidiens de votre vie!**

Notre Terre est belle. C'est elle qui nous permet de vivre. Nous n'y sommes pas seuls. Veillons au respect de la Nature. N'agissons plus comme si tout était à notre disposition et que nous puissions détruire tout ce qui nous passe entre les mains. Apprenons à agir en êtres responsables à notre niveau individuel.

La voie vers
votre réalisation
personnelle

Comme tant d'autres, vous pouvez vous aussi vous accomplir et vous épanouir dans une activité qui vous passionne! Comme vous, moi aussi, je suis en recherche de ma voie et de ma place dans ce monde.

Croyez en votre bonne étoile!
Croyez en vos talents!
Croyez en vos possibilités!
Croyez en vous!
Vous êtes une personne unique
et formidable!
Donnez-vous le temps de vous
découvrir!

◆ **Tout est possible!**

Lorsque je manquais de confiance en moi, tout me paraissait impossible. Les portes semblaient irrémédiablement bloquées. Je m'étais enfermée dans un système de croyances réductrices et limitatives qui m'empêchaient de voir plus loin. De croire que moi aussi j'avais droit au meilleur et que cela ne dépendait que de moi. J'étais comme vous, je me disais: «Tout est possible pour les autres, oui, mais pas pour moi. Les autres, eux, sont heureux, ils ont réussi, etc.»

Et puis un jour, le sens de cette phrase m'est apparu clairement. Ils ont cru au «possible». Leur approche a été de croire en eux, de prendre des risques, d'oser faire ce qui leur semblait être juste et bon pour eux-mêmes. Ils étaient dans l'ouverture d'esprit, dans le passage à l'acte. «Si d'autres y sont arrivés, alors je peux aussi y arriver!» Mon esprit et mes pensées se sont alors tournés vers le possible et mes portes intérieures se sont ouvertes très progressivement vers des horizons que je pouvais découvrir et exploiter. J'ai personnalisé cette phrase en la transformant en:

«MAINTENANT, TOUT M'EST POSSIBLE!»

Ces quelques mots contiennent une formule magique puissante. N'hésitez pas à vous la répéter plusieurs fois par jour. C'est un nouvel automatisme. Il est à votre portée. À vous de l'utiliser et de l'exploiter!

J'ai remarqué que le simple fait de suggérer que quelque chose est possible libère la pensée créatrice et brise les barrières invisibles engendrées par les circonstances difficiles et le désespoir.

◆ Et si vous laissiez jaillir l'étincelle!

Vous êtes à la croisée des chemins. Ce que vous faisiez avant ne vous convient plus, mais vous ne

savez pas encore quoi faire. Quelle est votre nouvelle orientation?

J'ai conduit de nombreux groupes de motivation pour des personnes à la recherche d'un
nouvel emploi. Il faut bien constater que la perte
d'emploi déstabilise le plus souvent les personnes
en question. Elles sont privées de leurs repères.
Elles n'ont plus confiance en elles, ni en leurs possibilités. Elles se sentent perdues, fragiles, vulnérables, et surtout, elles n'ont plus de contact avec
leur force intérieure et leur intuition.

Dans ces cas-là, je leur demande d'oublier tout
ce qu'elles ont fait jusqu'à présent et de me parler
de leurs rêves, de ce qu'elles auraient aimé faire. Je
les invite à se laisser aller à rêver tout haut ce
qu'elles imaginent ou voient. Même les plus réti-
centes se sentent prises au jeu et les idées commen-
cent à jaillir, à se regrouper, à s'organiser. Même ce
qui nous paraissait impossible à envisager commence à prendre tournure et à devenir possible!

C'est ainsi que des personnes particulièrement
démotivées déclencheront un processus formida-
blement énergisant et commenceront à poser des
gestes pour concrétiser leur rêve. Tout simplement
parce que cette fois-ci, elles sont prêtes à s'investir
dans quelque chose qui les motive et en quoi elles
croient. Elles peuvent enfin faire ce dont elles ont
toujours rêvé et donner vie à ce qui leur tient à
cœur!

Enterrez définitivement les «je ne suis pas capable», «je ne peux pas». Rejetez à jamais les «c'est impossible». Dépassez-les! Vous n'avez plus de temps à gaspiller! Préférez concentrer vos énergies dans le «tout m'est possible». Essayez! Vous avez tout à gagner!

Quand vous faites les choses que vous aimez, TOUT EST POSSIBLE! Vous êtes capable de tellement de choses simples, merveilleuses ou fantastiques! Passez à une autre vitesse. Cessez de faire les choses que vous n'aimez pas et pour lesquelles vous vous épuisez et préférez plutôt choisir ce qui vous plaît! Toute chose que vous faites «avec plaisir» vous rend heureux! Trouvez ce qui vous rend heureux et concrétisez-le! Essayez de faire ce que vous avez envie de faire. Vous vous épanouirez!

Vous avez tous une place bien spécifique sur cette terre. Chacun de vous est doué dans un ou plusieurs domaines où il excelle. En faisant ce que vous aimez, vous vous donnez le meilleur de vous-même dans la joie et le bonheur. Faites les choses avec enthousiasme, c'est un moteur magique!

◆ La réussite est à votre portée! Elle est pour VOUS!

Si d'autres ont réussi pourquoi pas vous! Je vous propose un petit test. Choisissez la personne dans votre entourage que vous admirez le plus et qui a réussi comme vous aimeriez réussir. Demandez-lui comment elle y est arrivée. Quelles ont été ses motivations? Ce qui l'a poussée à agir et à persévérer? Répétez cette expérience auprès de toutes les personnes que vous admirez. Elles sont comme vous. La seule chose qui les différencie, c'est qu'elles ont décidé de croire en elles et en leurs projets. Vous aussi, vous pouvez réussir! Vous aussi, vous pouvez changer d'optique!

◆ Donnez-vous le droit de réussir!

Encore une fois, tout dépend de votre ouverture d'esprit et de vos pensées. Si vous vous dites: «Je n'y arriverai pas. C'est trop dur!», vous décidez de partir perdant avant même d'avoir essayé. Par contre, si vous vous dites: «Je décide de réussir.» Tous les espoirs vous sont permis!

Regardez d'où vous venez et ce que vous avez déjà changé dans votre vie. Alors! Qu'en pensez-vous? C'est un bon début. Vous pouvez être fier de vous et des pas que vous avez déjà franchis. Bravo! Soyez patient! «Paris ne s'est pas fait en un jour!» Dites-vous que le meilleur reste encore à venir!

◆ Faites travailler votre inconscient!

Votre inconscient a une vie tout à fait propre. Il n'a pas d'intelligence et ne fait que réaliser ce que vos pensées lui indiquent, dans le positif comme dans le négatif.

Il est également très performant la nuit. Pour qu'il soit vraiment efficace, posez-lui votre problème et demandez-lui de vous donner la solution parfaite au matin. Essayez ce soir, quel que soit votre problème. Vous serez étonné!

◆ Écrivez vos buts sur un papier!

Le fait d'écrire sur un papier ce que vous voulez, l'ancre dans votre subconscient. En l'épinglant dans les endroits stratégiques de votre maison, en vous les répétant et surtout en imaginant déjà le plaisir de les voir se réaliser, vous anticipez sur l'avenir. Vous mobilisez ainsi l'incroyable puissance de votre subconscient à tendre vers la réalisation de vos buts. Osez l'essayer! Commencez par de petits objectifs et voyez ce qui se passe. Vous serez surpris des résultats!

◆ Prenez conscience du pouvoir des mots que vous employez!

Vous êtes-vous un jour intéressé à l'impact des mots? Vous êtes-vous écouté? Avez-vous pris un jour le temps d'écouter votre façon de parler? Quels termes utilisez-vous?

- «Rien de bien ne se passe jamais dans ma vie! Je fais un travail que je n'aime pas! Les autres sont ceci ou cela! Je ne suis pas heureux! Je n'ai jamais de chance! J'en ai marre de galérer de la sorte! Qu'est-ce que j'ai fait au bon Dieu pour avoir une vie pareille! Etc.»

◆ Et si vous adoptiez un autre vocabulaire!

- «Je suis quelqu'un de "super"»!

- «Je dispose de tous les éléments et de toutes les compétences en moi pour faire de ma vie quelque chose de formidable!»

- «Je suis bourré de talents!»

- «Je crois en moi! Je crois en mes possibilités! Je crois en la vie!»

- «J'ai droit au meilleur!»

- «Les bonnes choses sont pour moi!»

- «Tout ce que je fais, je le fais avec plaisir et bonheur!»

- «Tout m'est possible!»

- «Je suis entourée de gens formidables!»

- «La vie est sensationnelle!»

- «Tout me sourit!»

- «Je dépasse facilement les obstacles sur mon chemin!»

- «Je suis capable de déplacer des montagnes!»

- «J'adore les défis!»

- «Je vis ma vie à fond!»

- «C'est ici et maintenant que je vis!»

Sentez-vous une différence entre:

«Je suis faible»	et	**«Je me sens fort!»**
«Je suis pauvre»	et	**«Je suis riche!»**
«Je suis malade»	et	**«Je suis en pleine forme!»**

Alors qu'en pensez-vous? Ne croyez-vous pas que vous pouvez, vous aussi, commencer à utiliser ces termes? Bien entendu, ce seront de nouveaux automatismes à acquérir. Essayez et voyez si vous transformerez votre optique sur la vie!

◆ Vous avez des points forts: découvrez-les!

Découvrez ceux que vous pourriez développer. Pratiquez-les. Voyez ceux qui vous conviennent le mieux. Quelles capacités possédez-vous, que les autres n'ont pas, et qui font de vous un être unique et formidable? Êtes-vous plutôt négociateur, plutôt décideur, intellectuel, manuel, organisateur, exécutant, artiste, sportif...?

Préférez-vous occuper le devant de la scène ou plutôt l'arrière? les grandes lignes ou les détails? Vous aimez le travail en solitaire ou en équipe? Êtes-vous doué pour les langues? la communication? les chiffres? Vous sentez-vous plus à l'aise dans l'écriture ou dans les discours? N'hésitez pas à faire des essais. Quels sont vos talents: raconter des histoires, être acteur, chanter dans les chorales, animer des soirées, faire de la radio ou de la télé?

◆ **Insistez sur les points positifs et les qualités: les vôtres et ceux des autres!**

Refusez d'entrer dans le jeu dévastateur des critiques et de la dévalorisation des autres. C'est tellement réducteur et cela fait tellement de mal. Comparez les résultats de cette nouvelle attitude vis-à-vis de votre entourage à ce que vous aviez l'habitude de faire avant. Alors, qu'en pensez-vous? N'êtes-vous pas plus heureux? Les personnes de votre entourage vous voient maintenant d'une autre façon. Vous avez changé vos rapports de force en rapports humains agréables. Toute solution est en vous!

◆ **Découvrez et développez votre curiosité et votre créativité!**

Découvrez votre curiosité. Retrouvez de l'intérêt pour ce qui vous attire, ce qui vous fascine! On vous a dit que la curiosité est un vilain défaut, c'est faux. C'est elle qui nous permet de voir la vie à travers des yeux d'enfants. C'est également la curiosité qui contribue à ce que l'être humain se passionne pour tant de choses.

Faites comme les enfants. Posez des questions. Cherchez à en savoir davantage sur ce qui vous intéresse. Passez à l'action. Informez-vous. Voyez de quelle façon agissent ceux qui réalisent ce que vous rêvez de faire. Devenez autodidacte. Lisez. Instruisez-vous. Ce n'est pas parce que vous n'êtes plus à l'école que vous ne pouvez plus apprendre par vous-même. Bougez! Remuez-vous! Prenez du plaisir à cela!

Vous êtes tous créatifs. Vous avez tous des talents. Faites-vous confiance! Faites confiance à la vie! Aidez-vous à les découvrir! Toutes les formes de créativité sont bonnes. Lancez-vous vers ce qui vous attire: le dessin, la poterie, la sculpture, le chant, la danse, le travail du verre, du bois, les sports, les défis en tous genres ou des activités beaucoup plus calmes: ballades d'observation de la nature... Découvrez ce qui vous attire!

◆ Vos projets sont formidables! Croyez-y! Persévérez!

J'ai décidé d'aller frapper aux portes, et peu importe si on refusait mes projets, il y aurait bien un jour quelqu'un d'intéressé. J'étais soutenue par l'expérience du fameux Walt Disney, créateur de Mickey et des centres d'attractions *Disneyland*. Il a dû proposer son projet à 301 banques qui ont refusé d'y croire. La 302e a dit «oui» et tout est parti de là. N'est-ce pas là de la persévérance?

Regardez l'exemple de tous ceux qui ont réussi. Ils ne se sont pas laissés abattre. Ils ont essayé, puis réessayé. Ils ont cru dans leurs projets et dans leurs idées. Ne vous laissez pas démonter par les autres. Si vous aimez votre projet, soumettez-le autant de fois que nécessaire. Persévérez! Rien n'est impossible à ceux qui ont la foi!

◆ Vous avez droit au meilleur!

Jusqu'à aujourd'hui, vous vous êtes contenté de peu, ou simplement de ce que vous aviez. Par manque de confiance en vous, en vos capacités et en vos talents, vous étiez plutôt l'adepte des «miettes». Que ce soit dans vos ambitions personnelles, familiales, professionnelles ou sociales, vous vous laissiez porter par ce qui se présentait. Rien ne bougeait vraiment comme vous l'auriez souhaité. Vous étiez partisan du «de toute façon, ça ne sert à rien». Vos peurs vous paralysaient. Vous étiez persuadé que votre vie ne serait qu'une succession de moments insatisfaisants parce que vous ne valiez pas mieux, et que vous vous imaginiez même ne pas avoir droit à davantage.

Eh bien non! Chacun d'entre nous a droit aux bonnes choses. Permettez-vous de les visualiser. Donnez-vous le droit et l'autorisation de goûter à ce dont vous avez envie, à ce que vous souhaitez!

Le fait d'avoir vécu une succession d'histoires amoureuses négatives ne vous enlève pas la possibilité de rencontrer quelqu'un qui vous apprécie tel que vous êtes, qui ait envie de partager sa vie avec vous, et qui vous soit compatible et complémentaire. À vous de faire les choix judicieux pour découvrir si oui ou non cette personne vous convient.

Votre travail ne vous plaît plus. Qu'est-ce qui vous empêche d'aller chercher quelque chose qui corresponde plus à vos talents. Ne vous laissez pas intimider par les réflexions des uns ou des autres. Que savent-ils de vos rêves et de vos désirs? Prenez des risques pour être heureux!

◆ Qu'aimez-vous faire?

Trouvez ce que vous aimez faire. Faites des expériences. Procédez par élimination tant que vous ne savez pas ce que vous aimez faire. Touchez à tous les domaines: fabrication de modèles réduits, sauts en parachute, prof de danse, créateur, artiste, bricoleur... Mais faites ce que vous aimez. Vous n'avez qu'une vie! Sortez de la masse! Soyez vous-même! N'acceptez plus d'être des «moutons de Panurge». Faites ressortir l'étincelle en vous! Votre vie changera du tout au tout! Vous serez heureux parce que vous aurez pris des mesures pour l'être. Si vous êtes heureux, votre bonheur et votre enthousiasme sont contagieux. Vous rendrez les autres heureux en leur communiquant un peu de votre énergie!

◆ Trouvez votre voie et découvrez votre mission!

Votre voie n'est pas celle des autres. En acceptant de vous laisser couler dans un moule fait par les autres, vous leur avez donné le pouvoir de diriger votre vie à votre place. Vous avez donc forcément l'impression de passer à côté de votre vie en la vivant par procuration ou en ne la vivant pas.

Ne vous laissez plus imposer ceci ou cela. Cherchez votre voie. Si vous ne savez pas ce que vous voulez faire de votre vie, procédez par élimination en essayant d'exercer différentes choses que vous aimez. Vous cernerez assez rapidement ce qui vous convient, parce qu'au fond de vous, vous le savez, mais vous ne croyez pas encore suffisamment en vous pour vous lancer. Soyez patient. Donnez-vous du temps. Vous arriverez à trouver votre place dans la vie.

Un excellent livre sur la question est celui de Laurie Beth Jones: *Tous les chemins mènent à soi* (Éd. Le Jour). Grâce à lui, j'ai pu formuler ma propre déclaration de mission:

«Ma mission est de transmettre des outils simples et efficaces pour aider les autres à transformer de façon positive leur perception d'eux-mêmes, des autres et de la vie en général.»

Trouvez la vôtre!

◆ Vous êtes unique, ne devenez pas une copie!

Vous avez votre propre style. Développez-le!!! Améliorez-le! Faites-le ressortir! Soyez en fier! Faites-vous confiance! Trouvez quelque chose qui vous ressemble vraiment, qui est en vous. L'imitation, ce n'est pas vous! Chacun de vous est unique! Vous possédez tous en vous un ou plusieurs dons qui ne demandent qu'à être développés. À vous de jouer!

Si Charlie Chaplin avait fait exclusivement ce qu'on attendait de lui, il se serait contenté de jouer de pâles pastiches d'acteurs de l'époque. Au lieu de cela, il a créé «Charlot» et l'a imposé dans le monde entier comme un style unique.

Voyez Mère Teresa ou la princesse Diana qui ont voulu se mettre au service des autres chacune à sa façon. Coco Chanel a créé *Chanel*.

Jean-Sébastien Bach et Wolfgang Amadeus Mozart sont encore et toujours des références incontournables et indémodables en musique classique.

Louis Pasteur, Bill Gates, Michael Jackson, Elvis Presley sont uniques! Et vous aussi, vous êtes unique!

Croyez en vous! Vous n'êtes plus obligé de devenir une célébrité pour exister, mais croyez que vous avez ce «quelque chose» qui vous distingue des autres.

Découvrez vos dons! Ils ont juste besoin d'un peu d'attention pour arriver à la surface et se laisser découvrir. Jamais je n'aurais cru non plus pouvoir écrire un jour et j'en suis pourtant à mon sixième livre alors, pourquoi pas vous?

Nous avons tous un destin, une place qui nous est réservée sur cette terre, à nous de la trouver, de la découvrir. Et vous, quelle est la vôtre?

◆ Croyez en vos rêves, réalisez-les!

Dans *La Magie de l'inattendu* (Éd. Face à Face), Rachel Guay raconte l'histoire d'une femme inscrite à un groupe de soutien pour découvrir et réaliser ses rêves. À chacune de ses visites, elle est incapable de définir son rêve, jusqu'au jour où elle lit un article sur les courses de chiens de traîneaux et décide de participer à un stage. À son retour dans son groupe, les autres lui demandent si elle a réalisé son rêve et si elle va le poursuivre. Elle répond que cela lui a beaucoup plu, mais surtout, qu'elle y a trouvé le courage de prendre la décision de quitter son emploi.

Ne laissez pas les autres démolir vos rêves. Ce n'est pas parce qu'eux ne croient pas en vous et en vos possibilités qu'ils ont raison. Vos rêves sont importants! Ne laissez personne briser les vôtres!

Poursuivez-les sans vous laisser démonter! Tout rêve mérite que vous lui donniez toutes les chances de réussir et peu importe ce qu'en pensent les autres.

Ne renoncez jamais à vos rêves!

◆ Comment découvrir votre rêve?

Posez-vous les questions suivantes:

- «Quel était mon rêve quand j'étais enfant? Qu'aurais-je aimé être ou faire?»

- «Est-ce toujours vrai?»

- «Qu'est-ce qui m'enthousiasme et me fait bouger?»

- «Qu'est-ce qui me rend capable de déplacer des montagnes?»

- «Qu'est-ce qui m'a toujours passionné et enflammé?»

- «Dans quoi suis-je le meilleur?»

◆ La boîte à buts

N'hésitez pas à mettre sur une feuille TOUT ce que vous avez envie de faire ou d'avoir. Déposez vos buts, vos envies, vos projets dans une boîte. Confiez-les à vos anges gardiens. Imaginez-les comme déjà accomplis et oubliez-les. Ne limitez pas vos buts, que ce soit dans le domaine de l'amour, de la réussite, d'un voyage, d'un job, d'une rencontre ou d'un bien. Déposez autant de papiers que vous le souhaitez. Rien n'est trop beau pour vous! Vous avez droit au meilleur! En croyant en leur réalisation, ils se matérialiseront. Revoyez les buts de votre boîte tous les mois et voyez ce qui s'est déjà réalisé. Vous serez surpris! C'est une méthode simple et à la portée de chacun. La seule chose que vous avez à faire, c'est d'essayer!

◆ Demandez grand et vous recevrez grand!

Soyez généreux avec vous-même. Si vous demandez petit, vous ne recevrez rien ou si peu. Permettez-vous de penser que vous avez le droit de demander de bonnes choses pour vous, lancez-vous. Osez! Donnez-vous ce droit!

«DEMANDEZ ET VOUS RECEVREZ.
FRAPPEZ ET L'ON VOUS OUVRIRA».

N'hésitez pas à solliciter de l'aide, à parler de votre projet à tous ceux que vous rencontrez. Vous serez surpris du nombre de personnes qui s'emballeront pour votre projet et qui seront prêtes à vous aider à différents niveaux.

Mes aides

*V*oici quelques indications de ce qui m'a beaucoup aidée à évoluer.

◆ Les phrases «magiques»

Je vous propose certaines pensées de Louise Hay afin d'ouvrir votre esprit à une nouvelle génération de pensées positives qui vous aideront à transformer votre vie!

En ce qui a trait à ma tranquillité d'esprit, j'utilise ces affirmations:

«J'élimine de mon esprit toutes les pensées négatives et destructrices m'empêchant de m'épanouir.»

«Je décide de me sentir toujours en toute sécurité. Tout va bien.»

«Tout ce que j'ai besoin de savoir me sera révélé en temps utile.»

«Je me trouve à la bonne place au bon moment avec la bonne personne.»

«Je suis digne d'amour et de respect.»

«Je m'accorde ce dont j'ai besoin pour me sentir bien.»

«La prospérité et l'abondance font partie de ma vie.»

«Je prospère dans tout ce que je fais.»

Pour évoluer:

«Que suis-je en train d'apprendre de cette expérience?»

«Quel aspect ou côté sombre de moi est-ce que je n'accepte pas?»

«J'ai le choix de prendre une décision en ma faveur. Suis-je bien avec cette décision?»

«Quel est le cadeau qui se trouve derrière cette expérience?»

«Est-ce que je me simplifie la vie en prenant cette décision?»

«Vais-je vers l'amour inconditionnel?»

Pour chasser l'angoisse et la peur:

«Je m'aime et je m'accepte tel ou telle que je suis.»

«Je suis amour. Je suis remplie d'amour. Je suis entourée d'amour.»

«Je me sens en totale sécurité. Je me donne toute la sécurité dont j'ai besoin.»

«Je suis là pour veiller sur mon enfant intérieur.»

«Tous mes besoins sont pleinement satisfaits.»

Je vous recommande aussi les programmations de Daniel Sévigny dans son livre *Pensez, gérez, gagnez* (Collection Hazelden). Elles sont pratiques et très efficaces pour transformer radicalement votre vie. Essayez et vous verrez!

◆ Une technique efficace: la programmation en 21 jours

Il a été prouvé que votre subconscient a besoin de 21 jours pour acquérir une nouvelle programmation et pour enregistrer de nouvelles habitudes.

Dans son livre *Changez votre vie en 21 jours*, Michelle Lemieux (Éd. Quebecor) nous présente les pensées comme d'extraordinaires énergies qui ne demandent qu'à se matérialiser. Les pensées d'abondance génèrent l'opulence et celles de pénurie génèrent la pauvreté.

Selon l'auteure, chaque pensée pourrait être comparée à une semence. Il vous faut choisir soigneusement chaque graine que vous mettrez en terre, car vous récolterez ce que vous avez semé. Que choisirez-vous, le jardin fleuri ou le jardin plein de mauvaises herbes?

Il s'agit de faire décoder par l'inconscient puis d'annuler tous les conditionnements négatifs qui ont réussi à vous atteindre au fil des années et qui vous ont empêché d'être positif à 100 %. À partir du 16e jour, il vous faut vous reprogrammer de façon positive et ouverte sur la vie. Cette programmation doit être faite tous les jours, pendant les 21 jours, et ce, sans interruption pour pouvoir donner des résultats. De plus, il est essentiel que vous croyiez en ce que vous dites. La conviction est indispensable!

En ce qui me concerne, une semaine après avoir terminé ma programmation, j'ai commencé à constater des changements significatifs dans ma façon de me percevoir. J'avais l'impression de m'être débarrassée de certains poids du passé, d'une partie de l'autocritique, du jugement, de la non-acceptation de moi-même et des autres. Je me sentais plus libre et plus confiante, comme libérée de certains de mes anciens comportements destructeurs.

De nouvelles portes d'espoir se sont ouvertes devant moi et puis la peur et l'angoisse semblent avoir moins de pouvoir sur moi maintenant. L'avantage de cette méthode, c'est que c'est l'inconscient qui travaille. Votre seule responsabilité est de répéter consciemment les phrases tout au long des 21 jours.

◆ Les Fleurs de Bach

J'ai moi aussi essayé ces essences de fleurs lors de mes différents états d'âme difficiles et je dois dire qu'elles ont été particulièrement efficaces. Je n'hésite jamais à faire appel à elles. À vous de voir celles qui pourraient vous aider. Référez-vous aux manuels existants ou voyez un spécialiste en la matière.

J'ai pour ma part une nette préférence pour la médecine à base de plantes. La seule chose dont mon corps ait besoin, c'est que je comprenne d'où vient le blocage psychologique à la base de mon malaise. Et surtout où se situe le manque de respect que j'ai eu vis-à-vis de moi-même. Le reste consiste à retrouver mon équilibre et mon harmonie intérieurs en écoutant mes besoins réels (me dire, dire ce que j'ai à dire, quitte à blesser l'autre ou à me faire rejeter, etc.).

◆ *La Petite Voix* d'Eileen Caddy
(Éd. Le Souffle d'Or)

C'est avec ce petit livre que j'ai vécu ma première année de remise en question et de reconstruction de ma confiance en moi. Grâce à ces méditations que je lisais le matin et le soir, j'ai appris à reprendre confiance en la vie et à regarder ce qui m'arrivait autrement.

J'apprécie le pouvoir des paroles apaisantes de *La Petite Voix*. Avec le recul, je me suis rendu compte combien les chaînes du passé et les inquiétudes du futur pouvaient détruire la sérénité du présent. À chacun de trouver dans les livres ou ailleurs ce qui lui apporte le calme, la paix, la sérénité et le bien-être psychologique.

Je recommande ce livre à toutes les personnes qui traversent des périodes de remise en question difficiles. Il vous donne l'opportunité d'ouvrir votre esprit à quelque chose de plus grand, d'aimant et de proche.

◆ ***La Clé vers l'autolibération* de Christine Beerlandt** (Éd. Altina: Tél.: 00 32 59 80 16 51 Fax: 00 32 59 51 27 17)

Actuellement, c'est le meilleur livre que je connaisse avec celui de Lise Bourbeau *Ton corps te dit*: *Aime-toi* (Éd. ETC) concernant l'explication des maux et des malaises, et ce que chacun de nous peut faire pour comprendre et sortir de la maladie qu'il a attirée. Le but étant de remonter à l'origine du blocage physique pour parvenir à s'accepter et à s'aimer tel que l'on est. Je vous le recommande. Il vous sera d'une grand utilité et vous permettra de voir plus clairement ce qui vous arrive.

◆ ***L'Observation de la vie* de François Doucet** (Éd. L'art de s'apprivoiser)

Ce livre m'a fait prendre conscience de tout ce qui se passait à l'intérieur de moi: les croyances, les attitudes, les comportements, mes tentatives pour changer, pour comprendre. À découvrir absolument!

Bibliographie

Pour apprendre à se connaître

Croire en soi	M.F. Muller	Jouvence
Vivre au positif	M.F. Muller	Jouvence
Oser être femme	M.E. Marlowe	Succès du livre
Aimer sans souffrir	G. Tate	Quebecor
L'Amour sans conditions	L. Hay	Vivez Soleil
Transformez votre vie	L. Hay	Vivez Soleil
La Force est en vous	L. Hay	Vivez Soleil
Les Pensées du cœur	L. Hay	Vivez Soleil
52 façons de développer son estime personnelle et sa confiance en soi	C.E. Rollins	Un monde différent
Les 6 clés de la confiance en soi	N. Branden	J'ai Lu
Les Secrets de la confiance en soi	R. Anthony	Un monde différent
Apprendre à s'aimer	S. Weigscheider Cruse	Modus Vivendi
Aime-toi et la vie t'aimera	C. Bensaid	R. Laffont
Retrouver l'harmonie en soi	Collectif	Modus Vivendi
S'aimer, un jour à la fois	R. Fishel	Modus Vivendi
Être soi-même un jour à la fois	R. Lerner	Modus Vivendi

S'aimer soi-même	R.H. Schuller	Un monde différent
Tous les chemins mènent à soi	L.B. Jones	Éd. Le Jour
Vous êtes unique, ne devenez pas une copie!	J. Manson	Un monde différent

Pour découvrir et changer vos croyances

Votre vie: reflet de vos croyances	R. Thibodeau	Quebecor
Ce que je crois, je le deviens	L. Robichaud	Hazelden
Comment contrôler sa pensée	M. Dubois	Quebecor
Apprivoiser les sentiments négatifs	B. Dotty	Interéditions
Comment tirer profit des bouleversements de sa vie	P. Haineault	Quebecor
Pensées pour lâcher prise	G. Finley	Éd. Le Jour
Reprogrammer l'inconscient	P. Lieckens	Vivez Soleil
Comment abattre les murs intérieurs	W. Parfitt	Dangles
Quand on peut, on veut	L. Bernfield	Éd. Le Jour
Vous êtes vraiment trop bonne	Bebko/Krestan	Éd. Le Jour
Mêlons-nous de nos affaires	G. Natchez	Interéditions
La Magie de l'inattendu	R. Guay	Face à Face
Oser dire «non»	V. Peiffer	Le Jour
La Clé vers l'autolibération	CH. Beerlandt	Altina

Mes livres «coups de cœur»

Vitamines pour l'âme	Canfield/Hanse	Marabout
Les Moments vrais	B. De Angelis	Marabout
Tête à tête avec son ange gardien	V. Leçon	Quebecor

Pensez, gérez, gagnez	D. Sévigny	De Mortagne
La Petite Voix	E. Caddy	Souffle d'or
Les Leçons de l'amour	M. Beattie	Flammarion Ltée
L'Art de s'apprivoiser	Doucet/	
	Gariepy	L'art de s'apprivoiser
L'Observation de la vie	F. Doucet	L'art de s'apprivoiser

Pour percevoir votre vie différemment

Tout est possible	R.H. Schuller	Un monde différent
Pensez possibilités	R.H. Schuller	Un monde différent
Devenez la personne que vous rêvez d'être	R. H. Schuller	Un monde différent
Éveillez votre pouvoir intérieur	Johnson/ Swindley	Un monde différent
Vous n'aimez pas ce que vous vivez, alors changez-le!	E. Guilane Natchez	Marabout
Avoir de l'assurance en 10 points	Dr J. Renaud	Marabout
Accomplissez des miracles	N. Hill	Un monde différent
La Magie de voir grand	D. J. Schwartz	Un monde différent
La Magie de s'autodiriger	D.J. Schwartz	Un monde différent
Arrêtez d'avoir peur et croyez au succès!	J.-G. Leboeuf	Un monde différent
Potentiel illimité	B. Proctor	Un monde différent
La vie est magnifique	C.T. Jones	Un monde différent
La stratégie de l'audace	K. White	J.C. Lattès
Choisir	S. Helmstetter	Marabout

Livres publiés

(Pour commander:)
49 Avenue d'Argenteuil – 1410
Waterloo – Belgique
TÉL.: / FAX: 00 32 2 353 19 09
(e-mail: eva.arcadie@yucom.be)

Oser être soi, se libérer de la dépendance affective
Éditions Jouvence

Si vous:

–   comptez sur l'autre pour combler le vide intérieur qui est en vous;

–   si vous ne vous aimez pas, si vous ne vous appréciez pas;

–   si vous ne vous respectez pas et ne vous faites pas respecter;

–   si vous manquez de confiance en vous;

- si vous ne vivez que par et au travers du regard des autres;

- si vous faites toujours passer les autres avant vous;

- si vous vous consacrez à eux sans penser à vous;

- si vous en voulez à l'autre de ne pas être la personne que vous voudriez qu'il soit, alors vous être probablement «dépendant affectif».

Se libérer de la dépendance affective, c'est entreprendre tout un cheminement de prise de conscience de règles et de fausses croyances de notre enfance qui continuent à nous diriger en tant qu'adulte, afin de les transformer en valorisation de la personne unique et formidable que nous sommes.

• *Vivre sa vie autrement*

Vous faites peut-être partie de ceux qui cherchent à améliorer leur vie en essayant de comprendre pourquoi elle ne correspond pas ce qu'ils en attendent.

Vous savez au fond de vous que votre vie peut être différente, mais vous ne savez pas encore comment la transformer.

Et si ce livre pouvait vous aider?

Aide-toi et le ciel t'aidera!

Livres publiés par l'auteure:

- ## *Retrouver la confiance en soi*

Un livret simple et pratique pour vous permettre de comprendre et de prendre conscience des attitudes inadéquates de votre enfance que vous continuez à utiliscr dans votre vie actuelle d'adulte.

Pour que chacun puisse découvrir de nouvelles démarches, afin de retrouver, à son propre rythme, la personne exceptionnelle qu'il est.

- ## *L'indispensable aide-mémoire de la femme avertie*

Lors des premiers instants de nos rencontres amoureuses, nous avons toutes un certain nombre de signes «feux rouges» qui s'allument pour nous prévenir que nous n'aimons pas tel ou tel détail (aspect physique, moral, psychologique, comportement, attitude ou réaction) de l'autre. Avec le temps, ces petits détails vont être ceux qui vont vous mener plus ou moins directement vers la rupture.

Si vous vous surprenez en train de vous dire: «Cela n'a pas d'importance, on verra plus tard, ce n'est qu'un détail, il va changer, je vais le changer», c'est que vous avez mis le doigt sur l'un de ces signes.

Ce petit livret est le fruit de témoignages de nombreuses femmes qui ont décidé de tirer des leçons de leurs expériences amoureuses passées. Ainsi éclairée, vous saurez éviter les écueils douloureux!

Mieux vaut prévenir que guérir!
Une femme avertie en vaut deux!

• *Sexualité – plaisir féminin: pour aller vers l'harmonie*

Pour changer ce que les hommes et les femmes croient concernant la sexualité et le plaisir féminin. À tous ceux et celles qui ont envie et qui sont prêts à vivre les choses autrement.

Il n'est pas toujours facile de parler de sexualité à l'intérieur d'un couple. Et cependant, il existe tant de fausses croyances parmi les hommes et les femmes concernant la sexualité et le plaisir féminin, que j'ai souhaité apporter un peu de lumière à ce sujet.

Si vous êtes de ceux et celles qui avez envie de faire en sorte que votre relation sexuelle soit plus épanouissante, car vécue dans la confiance, la communication, le partage et la sérénité, je vous invite à découvrir ensemble toutes les nouvelles possibilités qui s'offrent à vous.

Osez sortir des anciens schémas peu satisfaisants et ouvrez-vous de nouvelles routes et de nouveaux horizons. Votre voyage vous permettra de découvrir des voies inédites du bien-être et du bonheur dans une relation de plénitude sexuelle à deux.

Livres à paraître:

- ***Dépendance affective:
Un cadeau pour apprendre
à se connaître*** (Témoignage)

La dépendance affective est une maladie, un mal-être symbolisé par un énorme vide affectif en nous. L'adulte que nous sommes devenu continue à se remettre et à revivre, dans son présent, les situations dysfonctionnelles et conflictuelles de son enfance.

L'objectif de ce livre est de vous proposer mon propre parcours, mes prises de conscience et les leçons que j'ai pu en tirer. Ce cheminement sera celui d'un début de rencontre avec les facettes inconnues de moi-même. Mon souhait est qu'il puisse vous aider à faire votre propre découverte de vous-même.

- ***Sur le chemin de la guérison intérieure***
(Témoignage)

Une épreuve difficile va m'aider à m'ouvrir enfin à moi-même. Pendant toute une période, un grand nombre de mes croyances vont être ébran-lées. L'ancien va progressivement faire de la place à du nouveau. Je rentrerai en relation avec les fa-cettes que j'ai toujours rejetées, je vivrai enfin mes émotions, je reconnaîtrai mes faiblesses, je décou-vrirai ma dimension intérieure et spirituelle. Je vi-vrai des situations incroyables. Je reprendrai tout doucement confiance en moi. Je découvrirai pro-gressivement ce qu'est l'acceptation de soi et de la vie. Je ferai des expériences étonnantes..

Un livre témoignage destiné à partager avec vous mon expérience et également pour que chacun puisse y trouver ce dont il a besoin pour son propre cheminement.

CHEZ LE MÊME ÉDITEUR:

Liste des livres:

52 cartes d'affirmations, *Catherine Ponder*

52 étapes pour atteindre le succès, *Napoleon Hill*

52 façons de développer son estime personnelle et sa confiance en soi, *Catherine E. Rollins*

52 façons simples d'aider votre enfant à s'aimer et à avoir confiance en lui, *Jan Lynette Dargatz*

52 façons simples de dire «Je t'aime» à votre enfant, *Jan Lynette Dargatz*

1001 maximes de motivation, *Sang H. Kim*

Accomplissez des miracles, *Napoleon Hill*

Agenda du Succès *(formats courant et de poche), éditions Un monde différent*

Aidez les gens à devenir meilleurs, *Alan Loy McGinnis*

À la conquête du succès, *Samuel A. Cypert*

À la recherche d'un équilibre: une stratégie antistress, *Lise Langevin Hogue*

Amazon.com, *Robert Spector*

Ange de l'espoir (L'), *Og Mandino*

À propos de..., *Manuel Hurtubise*

Apprivoiser ses peurs, *Agathe Bernier*

Arrêtez d'avoir peur et croyez au succès!, *Jean-Guy Leboeuf*

Arrêtez la terre de tourner, je veux descendre!, *Murray Banks*

Ascension de l'empire Marriott (L'), *J.W. Marriott et Kathi Ann Brown*

Attirez la prospérité, *Robert Griswold*

Attitude d'un gagnant, *Denis Waitley*

Développez votre confiance et votre puissance avec les gens, *Leslie T. Giblin*

Développez votre leadership, *John C. Maxwell*

Devenez la personne que vous rêvez d'être, *Robert H. Schuller*

Devenez influent, neuf lois pour vous mettre en valeur, *Tony Zeiss*

Devenez une personne d'influence, *John C. Maxwell* et *Jim Dornan*

Devenir maître motivateur, *Mark Victor Hansen et Joe Batten*

Dites oui à votre potentiel, *Skip Ross*

Dix commandements pour une vie meilleure, *Og Mandino*

Échelons de la réussite (Les), *Ralph Ransom*

Elle et lui une union à protéger, *Willard F. Harley*

En route vers la qualité totale par l'excellence de soi, *André Quéré*

En route vers le succès, *Rosaire Desrosby*

Enthousiasme fait la différence (L'), *Norman Vincent Peale*

Entre deux vies, *Joel L.Whitton et Joe Fisher*

Envol du fabuleux voyage (L'), *Louis A. Tartaglia*

Esprit qui anime les gagnants (L'), *Art Garner*

Être à l'écoute de son guide intérieur, *Lee Coit*

Eurêka!, *Colin Turner*

Éveillez votre pouvoir intérieur, *Rex Johnson et David Swindley*

Évoluer vers le bonheur intérieur permanent, *Nicole Pépin*

Faites la paix avec vous-même, *Ruth Fishel*

Fonceur (Le), *Peter B. Kyne*

Gestion du temps (La), *Danielle DeGarie*

Guide de survie par l'estime de soi, *Aline Lévesque*

Hectares de diamants (Des), *Russell H. Conwell*

Homme est le reflet de ses pensées (L'), *James Allen*

Homme le plus riche de Babylone (L'), *George S. Clason*

Il faut le croire pour le voir, *Wayne W. Dyer*

Illusion de l'ego (L'), *Chuck Okerstrom*

Je vous défie!, *William H. Danforth*

Journal d'un homme à succès, *Jim Paluch*

Joy, tout est possible, *Thierry Schneider*

Leader, avez-vous ce qu'il faut?, *John C. Maxwell*

Légende des manuscrits en or (La), *Glenn Bland*

Lever l'ancre pour mieux nourrir son corps, son cœur et son âme, *Marie-Lou et Claude*

Livre des secrets (Le), *Robert J. Petro et Therese A. Finch*

Livre d'or de l'optimiste (Le), *parrainé par Véronique Cloutier*

Livre d'or des relations humaines (Le), *parrainé par Pierre Lalonde*

Livre d'or du bonheur (Le), *parrainé par Diane et Paolo Noël*

Livre d'or du gagnant (Le), *parrainé par Manuel Hurtubise*

Lois dynamiques de la prospérité (Les), *Catherine Ponder*

Magie de penser succès (La), *David J. Schwartz*

Magie de s'autodiriger (La), *David J. Schwartz*

Magie de voir grand (La), *David J. Schwartz*

Maître (Le), *Og Mandino*

Maîtrisez vos comportements sans les faire subir aux autres, *Robert A. Schuller*

Marketing de réseaux, un mode de vie (Le), *Janusz Szajna*

Même les aigles ont besoin d'une poussée, *David McNally*

Mémorandum de Dieu (Le), *Og Mandino*

Mes valeurs, mon temps, ma vie!, *Hyrum W. Smith*

Moine qui vendit sa Ferrari (Le), *Robin S. Sharma*

Motivation par l'action (La), *Jack Stanley*

Napoleon Hill et l'attitude mentale positive, *Michael J. Ritt*

Naufrage intérieur, le vrai Titanic, *Richard Durand*

Né pour gagner, *Lewis Timberlake et Marietta Reed*

Objectif: Réussir sa vie et dans la vie!, *Richard Durand*

Oser... L'Amour dans tous ses états!, *Pierrette Dotrice*

Osez Gagner, *Mark Victor Hansen et Jack Canfield*

Ouverture du cœur, les principes spirituels de l'amour (L'), *Marc Fisher*

Ouvrez votre esprit pour recevoir, *Catherine Ponder*

Ouvrez-vous à la prospérité, *Catherine Ponder*

Paradigmes (Les), *Joel A. Baker*

Pardon, guide pour la guérison de l'âme (Le), *Marie-Lou et Claude*

Parfum d'amour, *Agathe Bernier*

Pensée positive (La), *Norman Vincent Peale*

Pensez du bien de vous-même, *Ruth Fishel*

Pensez en gagnant!, *Walter Doyle Staples*

Pensez possibilités, *Robert H. Schuller*

Père riche, père pauvre, *Robert T. Kiyosaki et Sharon Lechter*

Performance maximum, *Zig Ziglar*

Personnalité plus, *Florence Littauer*

Plaisir de réussir sa vie (Le), *Marguerite Wolfe*

Plus grand miracle du monde (Le), *Og Mandino*

Plus grand mystère du monde (Le), *Og Mandino*

Plus grand secret du monde (Le), *Og Mandino*

Plus grand succès du monde (Le), *Og Mandino*

Plus grand vendeur du monde (Le), *Og Mandino*

Pour le cœur et l'esprit, *Patrick Leroux*

Pourquoi se contenter de la moyenne quand on peut exceller?, *John L. Mason*

Pouvoir de la pensée positive (Le), *Eric Fellman*

Pouvoir de la persuasion (Le), *Napoleon Hill*

Pouvoir de vendre (Le), *José Silva et Ed Bernd fils*

Pouvoir triomphant de l'amour (Le), *Catherine Ponder*

Prenez du temps pour vous-même, *Ruth Fishel*

Prenez rendez-vous avec vous-même, *Ruth Fishel*

Progresser à pas de géant, *Anthony Robbins*

Provoquez le leadership, *John C. Maxwell*

Puissance d'une vision (La), *Kevin McCarthy*

Quand on veut, on peut!, *Norman Vincent Peale*

Que faire en attendant le psy?, *Murray Banks*

Qui va pleurer... quand vous mourrez? *Robin S. Sharma*

Réincarnation: il faut s'informer (La), *Joe Fisher*

Relations humaines, secret de la réussite (Les), *Elmer Wheeler*

Rendez-vous au sommet, *Zig Ziglar*

Retour du chiffonnier (Le), *Og Mandino*

Réussir à tout prix, *Elmer Wheeler*

Réussir grâce à la confiance en soi, *Beverly Nadler*

Rêves d'amour (Les), *Nicole Gratton*

Roue de la sagesse (La), *Angelika Clubb*

Route de la vie (La), *Carolle Anne Dessureault*

Sagesse du moine qui vendit sa Ferrari (La), *Robin S. Sharma*

S'aimer soi-même, *Robert H. Schuller*

Votre liberté financière grâce au marketing par réseaux, *André Blanchard*

Vous êtes unique, ne devenez pas une copie!, *John L. Mason*

Liste des cassettes audio:

Après la pluie, le beau temps!, *Robert H. Schuller*

Arrêtez d'avoir peur et croyez au succès!, *Jean-Guy Leboeuf*

Assurez-vous de gagner, *Denis Waitley*

Atteindre votre plein potentiel, *Norman Vincent Peale*

Attitude d'un gagnant, *Denis Waitley*

Comment attirer l'argent, *Joseph Murphy*

Comment contrôler votre temps et votre vie, *Alan Lakein*

Comment se fixer des buts et les atteindre, *Jack E. Addington*

Communiquer: Un art qui s'apprend, *Lise Langevin Hogue*

Créez l'abondance, *Deepak Chopra*

De l'échec au succès, *Frank Bettger*

Dites oui à votre potentiel, *Skip Ross*

Dix commandements pour une vie meilleure, *Og Mandino*

Fortune à votre portée (La), *Russell H. Conwell*

Homme est le reflet de ses pensées (L'), *James Allen*

Intelligence émotionnelle (L'), *Daniel Goleman*

Je vous défie!, *William H. Danforth*

Lâchez prise!, *Guy Finley*

Lois dynamiques de la prospérité (Les), (2 parties) *Catherine Ponder*

Magie de croire (La), *Claude M. Bristol*

Magie de penser succès (La), *David J. Schwartz*

Magie de voir grand (La), *David J. Schwartz*

Maigrir par autosuggestion, *Brigitte Thériault*

Mémorandum de Dieu (Le), *Og Mandino*

Menez la parade!, *John Haggai*

Pensez en gagnant!, *Walter Doyle Staples*

Performance maximum, *Zig Ziglar*

Plus grand vendeur du monde (Le), (2 parties) *Og Mandino*

Pouvoir de l'optimisme (Le), *Alan Loy McGinnis*

Psychocybernétique (La), *Maxwell Maltz*

Puissance de votre subconscient (La), (2 parties) *Joseph Murphy*

Réfléchissez et devenez riche, *Napoleon Hill*

Rendez-vous au sommet, *Zig Ziglar*

Réussir grâce à la confiance en soi, *Beverly Nadler*

Secret de la vie plus facile (Le), *Brigitte Thériault*

Secrets pour conclure la vente (Les), *Zig Ziglar*

Se guérir soi-même, *Brigitte Thériault*

Sept Lois spirituelles du succès (Les), *Deepak Chopra*

Votre plus grand pouvoir, *J. Martin Kohe*

Liste du disque compact:

Mémorandum de Dieu (Le), (deux versions: Roland Chenail et Pierre Chagon), *Og Mandino*

En vente chez votre libraire ou à la maison d'édition
Prix sujets à changement sans préavis

Si vous désirez obtenir le catalogue de nos parutions,
il vous suffit de nous écrire à l'adresse suivante:
Les éditions Un monde différent ltée
3925, Grande-Allée
Saint-Hubert (Québec), Canada J4T 2V8
ou de composer le (450) 656-2660
ou le téléco. (450) 445-9098
Site Internet: http://www.umd.ca
Courriel: info@umd.ca